JN109606

Improving Lessons Refers to
the Pedagogies of
the International Baccalaureate Programme

A Unit Plan to Foster Students' Competencies

国際バカロレア教育に学ぶ
授業改善

資質・能力を育む学習指導案のつくり方

御手洗 明佳／赤塚 祐哉／井上 志音

編著

北大路書房

はじめに

If we teach today's students as we taught yesterday's, we rob them of tomorrow. (もし私たちが生徒たちに昨日と同じように今日も教えるならば，私たちは子供たちの未来を奪っているのです。)

—— John Dewey

　今，日本の教育は大きな転換期を迎えている。世界的規模で教育改革が叫ばれ，グローバルな潮流の中でこれまでの授業のやり方から変化が求められている。しかし，授業方法を変えるのは一筋縄ではいかない。筆者らはそれぞれに，これまでに受けてきた授業や，教員として行ってきた授業スタイルについて，どこかモヤモヤとした疑問をもち，どうすればもっと学習者たちの思考を深める授業が可能なのかを探っていた。そうした中で筆者らが出会ったのが国際バカロレア（International Baccalaureate；IB）教育である。

　本書の編著者の一人である御手洗がIBの教育手法に興味をもったきっかけは，2011年，大学院在籍時に訪れたフランスのIB校での授業見学であった。一つの問いに対して生徒がそれぞれに異なる解答を提案し活発に議論する姿から，学習とは本来「創造的」なものであるということを見いだし，知的好奇心が刺激された。教師の見事なファシリテーションもさることながら，IBの「学習者中心」の考え方は，生徒自身が経験と社会との関わりの中で自己を意味づけることの重要性を教えてくれた。

　他方，赤塚とIBの出会いは2013年のことで，オーストラリア・クイーンズランド州のIB校を訪問したときである。生徒らが，とにかく発言したくて仕方がない様子で，生徒たちから出てくる発言もそれぞれが相当な知識量に裏打ちされたものであり，しかも論理的に物事を述べていることが印象的だっ

た。その後，都立高校でIB教育を実施するコースの開設準備担当者となった。国際バカロレア機構（International Baccalaureate Organization）が発行する関連文書を読み込んだり，国内外のIB校への訪問を重ねたりするうちに，オーストラリアで見た授業風景がいかにして実現されるのかが，輪郭を描くように少しずつ明らかになってきた。大雑把に結論めいたことを言えば，学習諸理論に裏打ちされたカリキュラムが編成されているからだと言えるが，その内容の具体的な事例を本書では明らかにしている。

　井上もまた，IB教育に魅了された一人で，関西圏の私立学校に勤務していた際にその魅力を知った。IB教育は理論的なベースがしっかりなされたプログラムであること，教科・科目の特性にかかわらず，学際的な観点から教え方・学び方が具体的に示されていることに感動を覚えた。とりわけ，教科・科目ごとに縦割りになっていない点に魅力を感じ，著者自身が授業構成を練っていく際に，こうした考え方を取り入れながら授業改善していくようになっていった。

　このように，本書の編著者らのIB教育との出会い方はそれぞれバラバラであったが，授業改善への課題意識という観点は共通していた。小手先の授業スキルやメソッドではなく，もっと根源的な，本質的なところにまで踏み込んだ授業改善である。したがって，本書は，すぐに使えるいわゆるハウツー本でもなければ，すぐに役立つ教材集といった類のことを目指してはいない。

　今回の学習指導要領（平成29・30年告示）の改訂で目指されている授業の実施には，教育方法・評価の基本的な理論や概念を押さえることが肝要である。何より，学習指導要領の改訂のポイントとして，教師の意識変化が求められている点に注意を払う必要がある。したがって，第Ⅰ部では今日の授業において改善・充実すべき点を押さえた。特に，指導案における改善・充実すべきポイントを明確化した。そして第Ⅱ部では，IB教育で採用されている教育諸理論の基本的な概念を押さえた。IBで援用されている教育諸理論は膨大であるため，主要な理論を抜き出して説明を加えた。また第Ⅲ部では，各教科・科目での実践につながるよう，学習指導要領の内容とIBの教育諸理論を融合させた具体的な指導案の在り方を提案した。なお，巻末には指導案及

び各教科・科目における具体例が掲載されているので，参照いただきたい。できれば，第Ⅰ部から順にお読みいただければ幸いであるが，現役の教師の方は，第Ⅱ部から読み始めてもよいだろうし，IB教育で採用されている教育諸理論をある程度把握している方は，第Ⅲ部から読んでもよいかもしれない。本書が読者のみなさんの授業改善に役立てれば幸いである。

2023 年 4 月

編著者一同

目　次

第Ⅱ部　IB教育から学ぶ

第Ⅲ部　授業を改善する

巻末資料

第 I 部

学習指導要領と指導案

過去・現在から学ぶ

　第 I 部では，学校教育で「授業改善」が求められている背景を理解し，これまでの授業の課題点を検討する。

　第 1 章では，「学習指導要領（平成 29・30 年告示）」改訂の背景と内容を理解し，どのような「授業改善」が求められているかを考える。第 2 章では，一般的な指導案の構成や内容を「目標・課題設定」「指導観・評価設定」「単元・本時の指導計画」の 3 つの観点から理解する。そして，新しい学習指導要領の動向を踏まえ，どのような課題があるのかを検討する。

新しい学習指導要領が目指す教育とその背景

第**1**章

本書は，資質・能力の三つの柱を育む授業の実現へ向けた，新しい学習指導案（以下，指導案とする）の作成方法について提案することを目指している。その際に大切な点は，学習指導要領の方針や内容を理解し，今後の授業の在り方を見通すことである。

本章ではまず，学習指導要領（平成29・30年告示）の考え方を整理し，どのように授業改善を説明しているのか概略を示す。次に，学習指導要領改訂の背景として，コンピテンシー・ベースの教育や学術的知見を踏まえた教育の存在を理解する。それを踏まえ，私たちが授業改善を行う上で指導案に注目する意図を説明する。

1 主体的・対話的で深い学びの視点からの授業改善

2017（平成29）年3月に小学校・中学校の学習指導要領が示され，2018（平成30）年3月に高等学校の学習指導要領が示された。2017・2018年改訂版では，2002年改訂版以来3回目の生きる力の育成を第一義的な目標に掲げ，続行することが決定している。加えて，全教科・領域において，主体的・対話的で深い学び（いわゆるアクティブ・ラーニング）の視点からの授業改善を推進することが大きなテーマとなっている。

それでは，学習指導要領（平成29・30年告示）は授業改善を推進するため，教育課程をどのように描いているのだろうか。文部科学省（2018）が示す「学習指導要領改訂の考え方」によれば，真ん中の円の周辺に「何を学ぶか」「どのように学ぶか」「何ができるようになるか」が明記されている（図1-1参照）。

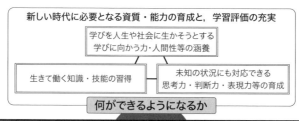

図 1-1　学習指導要領改訂の考え方（文部科学省，2018 をもとに作成）

　これらの問いは，何を示しているのか。大切な点なので，図 1-1 に示す 3
つの問いについて順に解説をしていきたい。

　「何を学ぶか」については，「新しい時代に必要となる資質・能力を踏まえ
た教科・科目等」を指す。具体的には，小学校教科では，従来の外国語活動
が 3，4 年生に引き下げられ，外国語科が 5，6 年生に設けられた。また，小
学校・中学校の教科では特別の教科として道徳が設置されている。高等学校
の教科では，新たに理数科と総合的な探究の時間が設けられた。さらに高等
学校の科目にも注目すると，今回，再編・新設した科目は 27 科目にものぼ
る。27 科目を見渡すと，特に探究とつく科目名が目立つ。例えば，必修科目
を発展的に学習することを目指した選択科目として，日本史探究，世界史探
究，地理探究，古典探究が設置された。新たな科目である理数科には理数探
究，理数探究基礎も設置されている。こうした動向からは，課題を探究する
能力を育むことを明確化した文部科学省の姿勢がうかがえる。

　「どのように学ぶか」では，主体的・対話的で深い学び（アクティブ・ラー
ニング）の視点からの学習過程の改善を提案している。これまでの学習指導
要領では，具体的な教育方法にまで踏み込んだことはなかった。そのため，教

育方法は，学習指導要領（平成 29・30 年告示）で言及された授業改善に関わる大きなポイントとなる。

　文部科学省（2020）がまとめた「主体的・対話的で深い学びの視点からの授業改善」によれば，アクティブ・ラーニングの視点からの授業改善を基本的な考え方とし，①「見通しをもって，粘り強く取り組む力が身に付く授業に」，②「自分の学びを振り返り，次の学びや生活に生かす力を育む授業に」，③「周りの人たちと共に考え，学び，新しい発見や豊かな発想が生まれる授業に」，④「一つ一つの知識がつながり，『わかった！』『おもしろい！』と思える授業に」を提案している。

　「何ができるようになるか」とは，学習者が新しい時代に必要となる資質・能力を身に付けることを意味する。具体的には，①「生きて働く知識・技能の習得」，②「未知の状況にも対応できる思考力・判断力・表現力等の育成」，③「学びを人生や社会に生かそうとする学びに向かう力・人間性等の涵養」を挙げ，これを資質・能力の三つの柱と整理している（文部科学省，2018）。

　以上が，「何を学ぶか」「どのように学ぶか」「何ができるようになるか」の中身である。これまでの学習指導要領は，何を教えるのかに重点が置かれていた。一方，学習指導要領（平成 29・30 年告示）では，具体的な教育方法にまで踏み込み，何を学ぶのか・何ができるようになるのかが明確にされた。とりわけ，学習理論に基づきコンピテンシーの育成を行うことに重きが置かれるようになった。

　では，コンピテンシーとは何だろうか。

2　コンピテンシー・ベースの教育とその背景にある学術的知見

❶　コンピテンシー・ベースの教育

　具体的な教育方法にまで踏み込んだ学習指導要領改訂にはどのような意図があったのだろうか。ここでは，①コンピテンシー・ベースの教育，②学術的知見を踏まえた教育という 2 つの観点から学習指導要領（平成 29・30 年

告示）作成の背景を紐解いていく。

　コンピテンシーという用語が教育分野で度々聞かれるようになったのは，ここ20年くらいのことである。コンピテンシーとは，元々「ある職務状況において，規準に照らして効果的ないしは卓越した業績を生む原因となっている個人の根底となる特徴」（Spencer & Spencer, 1993／2011）といったような，高い成果を上げる従業員に共通する行動特性のことを指す。1950年代に心理学用語として誕生し，主に企業での人事評価のために用いられてきた。しかし，近年では，世界各国（イギリス，オーストラリア，アメリカなど）でコンピテンシーを教育目標として明確化した上で，その育成に必要な教育の在り方を探るという考え方が主流になってきている。代表的な例として，OECDにより組織されたDeSeCoが「キー・コンピテンシー」と呼ばれる概念を提唱したことが挙げられる。このキー・コンピテンシーのうち「相互作用的に道具を用いる」[1]というカテゴリーのコンピテンシーは，PISA（生徒の学習到達度調査）に反映されるなど世界各国の教育評価の指標となっており，大きな影響力をもつまでに至っている。教育分野で掲げられるコンピテンシーの特徴は，言語や数，情報を扱う「基礎的リテラシー」，思考力や学び方を学ぶことを中心とする「認知スキル」，社会や他者との関係やその中での自立に関わる「社会スキル」の3つに大別される（松尾, 2015）。すなわちコンピテンシーとは，これまで重視されてきた学力（知識・技能）の枠におさまらない，心理的・社会的な能力・態度を含むものであり，教育分野における目標として用いられるようになってきている。近年ではコンピテンシーを「能力」とほぼ同義に用いるという傾向が見られるようになっている。

　学習指導要領（平成29・30年告示）では，コンピテンシーに近い概念に資質・能力という用語を当て，具体的には「資質・能力の三つの柱」として整理している。中央教育審議会委員である安彦忠彦（当時）は，学習指導要領改訂の過程で「コンピテンシー・ベース」（資質・能力を基盤とする）の教

1　DeSeCoがまとめたキー・コンピテンシーの3つのカテゴリーとは，「相互作用的に道具を用いる」の他に，「異質な集団で交流する」「自律的に活動する」がある。

表 1-1　各教科等のコンピテンシー・ベースの授業がもつ特徴 (安彦, 2014, p. 43 をもとに作成)

①日常的で生徒に身近な，実際的な生活問題を掲げていること
②生徒の興味・関心を引くような性格の問題を考案していること
③単に数学（固有の教科）の知識・技能だけでなく，理科や技術科などの知識も総合的に活用しなければならないこと
④グループ学習により，社会的な人間関係も効果的に使う工夫がなされていること
⑤体験的・実験的な活動を通して学ぶと，一層わかりやすいものとなること

育の重要性を主張した。その特徴の説明では，「単に知識を身に付けることだけではなく，それらの心理学的な諸能力や社会性・人間関係（友人関係など）などを活用して，具体的な実生活・実社会で生じる，複雑に入り組んだ課題を主体的に解決する力」の育成を重視することとしている（安彦, 2014, pp. 39–40）。課題を主体的に解決する力という文言から想像するとおり，「総合的な学習の時間」が中心的な役割をもつと考えられる。しかし教育課程全体でコンピテンシーの育成を目指す以上，各教科等における学習場面でこそコンピテンシー育成の取り組みが重要である。しかし前学習指導要領では，教育課程全体の構成や，目標・内容・内容の取り扱いにおいてコンピテンシー育成の記述が十分になされておらず，各教科等でのコンピテンシーの育成の目標が実践にまでつなげられていなかった。この結果，各教科等でのコンピテンシーの育成に対しては課題を残したままとなっている。

　各教科等においてコンピテンシー・ベースで展開される授業とは，どのような授業のことを指し，それは現行の授業と何が違うのだろうか。安彦は，中学校数学の授業例を参照しつつ，コンピテンシー・ベースの授業の特徴について，表 1-1 のようにまとめている。

　コンピテンシー・ベースの授業の特徴としては，①日常的で生徒に身近な，実際的な生活問題を掲げていること，②生徒の興味・関心を引くような性格の問題を考案していること，③単に数学（固有の教科）の知識・技能だけでなく，理科や技術科などの知識も総合的に活用しなければならないこと，④グループ学習により，社会的な人間関係も効果的に使う工夫がなされていること，⑤体験的・実験的な活動を通して学ぶと，一層わかりやすいものとなることである。

　コンピテンシー・ベースの教育の特徴として，身近な生活課題，生徒の興味・関心，教科横断的，グループ活動，体験的といった学習者中心の活動を基本としている点が確認できる。さらに，こうした体験的な授業を展開するためには，1単位時間の授業では，教科横断的な指導計画を立てたり，体験的・実験的な活動を行った後に考察を行ったりすることの実現は難しいため，単元全体での実施が推奨されている。

　以上から，コンピテンシー・ベースの教育とは，学習指導要領（平成29・30年告示）で理念・目標として掲げられる「生きる力」や「資質・能力」を基盤とする教育の特徴を示すものであり，知・徳・体のバランスのとれた能力を育成するためには，学習者中心で体験的・実践的な授業実践が必要であると言える。

❷ 学術的知見を踏まえた教育

　次に，学習指導要領改訂を理解するために，学術的知見を踏まえた教育とは何かについて見ていく。

　学習指導要領改訂を議論する中で，前学習指導要領の反省点として，「生きる力」を構成する資質・能力の全体像やそれを育成するための教育目標・内容との関係について，学問的裏づけ（以下，「学術的知見」と統一する）を踏まえる視点が十分ではなかったという点が指摘されている。例えば，中央教育審議会委員の奈須正裕（当時）は審議過程で，現行の学習指導要領（平成20・21年告示）は，昭和33年の改訂の時にできた基本的な形，すなわち認知主義に基づく知識観・学習観から変わっておらず，それから脱出するためには，学習の「転移」を起こすような，学習のメカニズムに関する心理学や学習科学に基づく共通的な理解のもとに何を教えるのかという議論が重要である（中央教育審議会, 2015）と言及している。

　いったい学術的知見を踏まえた教育とは何だろうか。学術的知見とは，科学的根拠に基づいた知見をカリキュラムや指導方法等に盛り込むことを意味する。教育にかかる各学問分野に目を向ければ，知識や学習に対する考え方は，近年大きく変化している。例えば，これまでの伝統的な授業は，教師が

学び手に対して知識を注入しようとする，いわゆる教授主義が一般的であったものの，様々な問題が研究者らによって指摘されてきた。アメリカでは，2000年に米国学術研究会議によって学習科学を踏まえた内容のハンドブックが公刊されている（Sawyer, 2014／2018, p. 2）。しかし，国内では奈須が指摘したように，そうした知見に追いついていなかった。学習を科学的な知見に立って考え直そうとする奈須は，学習指導要領（平成29・30年告示）で提起された「主体的・対話的で深い学び」を実現するためには，有意味学習，実生活・実社会の場面に根差した学習（真正の学習あるいはオーセンティックな学習），明示的な指導といった，学習科学や心理学，認知科学の知見を用いた授業改善を推奨しているのである（奈須, 2017）。

　前述したように今では過去の知見とみなされている「認知主義に基づく知識観・学習観」に代わって，現在ではどのような知識観・学習観が主流なのだろうか。

　従来の知識伝達を基本とする認知主義に代わる知識観として，（社会）構成主義の考え方がある。構成主義とは，すでに学習者がもっている知識構造を他者や人工物との相互作用を通して再構築すること，その過程が学習であるという理論である。こうした考え方は，ヴィゴツキーをはじめ心理学者によって提唱された。この立場に立てば，学びとは誰かから付与されるものではなく，学習者自らが（学習者を中心として）構成するものであるという知識観となり，従来の知識観・教育観とは異なるものとなる。これは，それまで当然だと考えられていた見方や考え方の大きな変化，いわばパラダイムシフトとも呼べる。

　教育観のパラダイムシフトを学習の特徴，学習の傾向，学習の主体，学習の知識観，評価の方法の観点により整理すると，学習の特徴は，学校化された学習（学習者は常に知識を付与される受動的な立場である）から，実生活・実社会の場面に根差した学習，すなわち真正な学習（知識は普遍的なものではなく学習者が中心となり主体的に進められる学習）へと転換が起きる。また学習の傾向は，知識を覚える暗記中心の学習から実社会性をもつ経験による学習へ，学習の主体は，教師から学習者へ，また，教師の役割は，学習者の学びを方向付けしたり，学習者同士の学びを促すようなファシリテーター

表 1-2　教育観のパラダイムシフト（森本, 2008 をもとに作成）

	認知主義に基づく教育観（従来型）	構成主義に基づく教育観
学習の特徴	学校化された学習	真正な学習
学習の傾向	暗記中心の学習	経験による学習
学習の主体	教師中心	学習者中心
学習の知識観	知識は与えられるもの	知識は自ら構成するもの
評価の方法	ある時点でのテストによる客観的な評価	継続的なパフォーマンスの評価

としての役割となる。評価の方法は，学校化された評価[1]から，真正な評価（学習者が実際の社会で直面する問題と，評価で用いられる問題との同質性を重視する評価方法）へと転換する（表 1-2）。このように，学術的知見を踏まえた教育とは，従来の知識観・教育観とは異なる考え方を前提としている。学習指導要領に加えられた主体的・対話的で深い学び（アクティブ・ラーニング）も，こうした背景を踏まえたものであると考えられるだろう。

　本節では，学習指導要領改訂の背景には，コンピテンシー・ベースの教育や，学術的知見を踏まえた教育への移行という意図があったことを確認した。

3　新しい教育課程を踏まえた指導案の作成に向けて

　では，私たち教員は，コンピテンシー・ベースの教育や，学術的知見を踏まえた教育の理論だけで具体的な授業をつくることができるだろうか。本節では，授業づくりの要の一つであるとされる学習指導案に着目する理由と，その意義について確認する。

　指導案とは，教員が授業をする前に，あらかじめ教育目的を定め，目的を達成するまでの過程で用いる教授手段・方法・手順を構想するものであり，それを記述した書類を指す（宮坂, 2011, p. 154）。基本的には，授業を行う上での指導のねらいが伝わるように作成されることが求められてはいるが，指

1　主に客観的能力測定法であるテストが用いられ，その結果のみが重視される評価方法。

表 1-3　指導案作成の意義（佐野, 2019, p. 21）

①あらかじめ計画を綿密に立てることによって授業を円滑にし，学習者への対応の幅を広げる。 ②作成時に，授業者の内にあった構想を言語化することによって，学習者や教材の理解を深める。 ③授業後に，実際の授業と比較することで，正確なふり返りを保証する。

導案の項目や形式は定められているわけではない。そのため，教科・科目や自治体（教育委員会），学校によっても異なることが一般的であり，時代やその目的に応じて変遷するものである。一方で，指導案は教員（実践者）が授業の流れを整理したり，参観者が授業内容を確認したりするために用いられることから，その重要性は教員間で共通認識されている。では，指導案作成の意義とは何だろうか。

　指導案を作成する意義とは，まず，あらかじめ計画を綿密に立てることによって授業を円滑にし，学習者への対応の幅を広げることである。次に，作成時に，授業者の内にあった構想を言語化することによって，学習者や教材の理解を深めることである。最後に，授業後に実際の授業と指導案とを比較することで，正確な振り返りを保証することである（表 1-3）。ここから，指導案の作成は，教員が授業を見通し，修正し，振り返る手立てとして重要な役割を果たすことがわかる。前節で触れた学習指導要領（平成 29・30 年告示）の意図を踏まえた授業改善にも，指導案の作成が有効な手立てとなると言えるだろう。

　さて，こうした新しい教育課程を踏まえた指導案を作成していくにあたって，私たちは何を考えなければならないのだろうか。学習指導要領（平成 29・30 年告示）はその前の指導要領の反省をもとに作成されたものであった。本書では，指導案を作成する上でもこれまでの指導案をベースに作成するという立場を本書ではとっている。学習指導要領（平成 29・30 年告示）の意図を汲む指導案を作成するためには，これまでの指導案の項目や内容のどこに課題があるのかを確認しなければならない。

　第 2 章では，これまで一般的に用いられてきた指導案の構成（①目標・課題設定，②指導観・評価設定，③単元・本時の指導計画と評価計画）を参照しながら，その特徴と課題について検討していく。

🔆 Topic 1　探究の歴史的経緯

　中央教育審議会（2016）では，教育方法としての「探究」は新しい概念ではない，と説明する。たしかに，北米ではデューイが学習者自身の経験が教育の本質である，とする経験主義教育を提唱し，主体的な問題解決を通して知識獲得が行われる探究型学習の重要性に触れていた（Dewey, 1933）。

　1950 年代になると，北米ではシュアブ（Schwab, J.）に代表される探究をベースとした科学教育の重要性が指摘されるようになる。その後 1960 年代に入ると，構成主義に基づいた教育が北米の学校を中心に行われるようになり，その実現のため，ピアジェなどが探究型学習の重要性を指摘した（Piaget, 1964）。国内では，1969 年の中学校学習指導要領「理科」の教科目標に「探究の過程を通して科学の方法を習得させる」と明記されるなど，教育方法の一つとして探究が重視されていたことが確認できる。

　1980 年代に入ると，北米での研究・実践の影響を受け，国内の初等・中等教育でも探究型学習に関する実践・研究が広く行われるようになる。例えば，東京都教育研究所（当時）では，探究を重視した授業方法の検討が行われた。東京都教育研究所（当時）の尾崎・西（1984）は，「自ら求めて学ぶ生涯教育の基礎的な構えを形成するとともに，級友との協力による問題解決の喜び」（p. 28）を味わうことが学校教育では大切であると指摘し，その実現のため「予想を立てる，価値判断をする，説明や例証を引き出す，原因，結果の関係を考える，2 つの事例を比較する，演繹または帰納的に思考する，結論や批判を引き出す」（p. 12）といった，探究型学習の考えを踏まえた児童・生徒の思考を深める授業方法を行うことを提案している。

　1980 年代後半からは，北米での研究・実践も，より盛んになる。とりわけ 1980 年代後半及び 2000 年頃からはカナダのアルバータ州教育省により探究の指導法が開発され，2004 年には教師用ガイド *"Focus on inquiry: A teacher's Guide to Implementing Inquiry-Based Learning"*（Alberta Learning, 2004）が発行され，探究型学習の一つのモデルとして認知されるようになり，定着してきた。このように，学習指導要領で重視される「探究」は，20 世紀中盤から研究・実践がなされてきたものなのである。

第2章 一般的な指導案の形式・特徴とその改善のポイント

本章では，学校現場で広く用いられている一般的な指導案[1]の形式や特徴を確認する。その後，学習指導要領（平成29・30年告示）に対応するため，どのような点を改善すればよいか，ポイントを示す。

なお，本章では，一般的な指導案を理解するため，国語科の一般的な指導案（巻末資料参照）を例として説明に用いている。

1 目標・課題の設定における課題

一般的な指導案を作成するときは，まず授業者名，日時，単元名，対象学年・クラス・人数などの基本情報に加え，目標や課題を設定し，記載する。

一般的な指導案では「単元目標」「単元観」「学習者観」のそれぞれの項目についてどのようなことが記されていて，何が課題だと考えられるだろうか。

❶ 単元目標の課題：教科・科目内にとどまる目標設定

単元目標では，学習指導要領の教科・科目の目標・内容を抜粋し「〜ができるようになる」という説明を入れることが一般的である。国語科の単元目標の記載例（表2-1）を見ると，「国語を適切に表現し的確に理解する能力を育成し，（…中略…）その向上を図る態度を育てる」とあり，到達目標を明示することが，教科・科目で身につけるべき力を示すことに役立つ。一方で，単

---

1 本書で用いる一般的な指導案とは，学習指導要領（平成29・30年告示）以前に広く用いられていたものを指す。もちろん，告示以降もさほど形式を変えずに用いられている場合もあるが，本書では，そうした指導案も含めた総称として使用する。

表 2-1　単元目標（巻末資料：p. 130 より抜粋）

単元目標	国語を適切に表現し的確に理解する能力を育成し，伝え合う力を高めるとともに，思考力や想像力を伸ばし，心情を豊かにし，言語感覚を磨き，言語文化に対する関心を深め，国語を尊重してその向上を図る態度を育てる。 また，話題について様々な角度から検討して自分の考えをもち，根拠を明確にするなど論理の構成や展開を工夫して意見を述べられるようになる。

元目標の設定としては，2 つの課題が挙げられる。まず 1 点目は，表 2-1 の記述は学習指導要領国語科の目標をそのまま示していることで，これは，単元目標としては不十分である。1 年間の指導計画を見通した上で，単元の範囲や目の前の学習者にふさわしい目標となっているかを踏まえた目標設定にする必要がある。2 点目は，教科・科目内のみにとどまる目標設定となってしまっている点である。学習指導要領（平成 29・30 年告示）で示される「社会に開かれた教育課程」の視点を踏まえ，教科横断的で，実生活・実社会性とのつながりを示すことが求められる。

❷ 単元観の課題：授業者中心の課題設定

　単元観では，基本的に，単元で扱う教材のあらすじや解説，それに対する授業者の感想，授業で取り扱いたい内容などが記される（表 2-2）。例えば，表 2-2 では，単元教材『水の東西』の解説が示されており，文末には「抽象的で難しい」や「形状や音を体感する機会をつくりたい」という授業者の感想が示されている。しかし学習指導要領で示された資質・能力の三つの柱を反映させるためには，これまでの単元観に加えて，授業を受ける学習者が抱える課題を踏まえて記述していくことが望まれる。すなわち，単元観とは，「はじめに教員がやりたいこと」を記すところではなく，学習者の課題を克服するにあたっての教材の特性を見極め記載する箇所である。

❸ 学習者観の課題：集団を意識した課題設定

　学習者観の項目では，表 2-3 のように「年度が替わり新たな人間関係を構築している時期であり，グループ学習への取り組みに課題がある」など，現

表 2-2　単元観 (巻末資料：p. 130 より抜粋)

単元観	本教材では，日本の「鹿おどし」と西洋の「噴水」を例に，日本と西洋の水の鑑賞の仕方の違いが説明されている。日本人が好きな水の姿を「流れる水」「時間的な水」「見えない水」という 3 つに集約しているが，抽象的で難しい。 また，昨今の生徒は，本文に出てくる「鹿おどし」にもなじみがないため，映像を用いて実物の形状や音を体感する機会をつくりたい。

表 2-3　学習者観 (巻末資料：p. 130 より抜粋)

学習者観	生徒たちはまだ高校に入学して間もなく，クラスメート同士で打ち解け合っていないせいか，リーダーシップをとる生徒が少なく，クラスに活気がない。 ただ，授業態度は良く，課題の提出状況は良好である。この適度な緊張感を今後も持続できるよう，授業中は多くの生徒を指名し，授業後もきめ細やかに課題の提出状況を管理すべきである。

在のクラスの様子を思い浮かべて集団としてのクラスの課題を記載することが多い。しかし，学習指導要領 (平成 29・30 年告示) を反映させるためには，生徒の抱える課題について，資質・能力の三つの柱の視点から課題を設定することが大切である。

❹ まとめ

　学習指導要領 (平成 29・30 年告示) に対応するため，「単元目標」では，年間指導計画を確認すること，教科・科目内のみにとどまらず，実生活・実社会性とのつながりを加えること，「単元観」では，学習者が抱える課題を踏まえながら教材の特性を示すこと，「学習者観」では，資質・能力の三つの柱との関連を意識する必要性について説明してきた。指導案の作成は，教員が学習指導要領や単元内容，学習者の様子を整理・理解するためのものではなく，「実際に授業に活かすため」という視点をもって行うことが大切である。

目標・課題の設定のためのポイント

●単元目標
- 学習指導要領の教科・科目の目標・内容に加えて，実生活・実社会性とのつながりを示すこと。

●単元観
- これまでの単元観に加えて，学習者が抱える課題を踏まえながら，教材の特性を示すこと。

●学習者観
- 現在のクラスの様子から見えてくる課題を示すだけでなく，資質・能力の三つの柱の視点から学習者の課題を示すこと。

2　指導観・評価の設定における課題

❶ 指導観の課題：授業者の主観や実践知から選ばれる

　指導案では，単元における指導観と評価の観点を示すことが一般的である。指導観には学習者の実態に合わせた教育方法を，評価の観点には学習指導要領の目標を踏まえた諸観点を記すが，学習指導要領（平成 29・30 年告示）に対応する指導・評価の設定はどうあるべきなのか。

　一般的な指導案の指導観では，記載された指導方法が具体的なものであっても，カリキュラム全体に通底するものではなく，学習者のどのような課題の克服を見据えて選定されたのか，単元目標とどのように関連するのか，といった点が不明瞭であった（表 2-4）。例えば，表 2-4 の語句調べや抽象表現の解説も，学習者のどのような課題の克服を意図したものなのかが記載されておらず，授業中や単元全体を見越した指導の在り方については言及できていない。

　指導観には，その単元で用いる指導方法（例えばグループワークの有無や，取り入れる評価の概要など）に加えて，それらを「知識及び技能」「思考力，

表 2-4　指導観（巻末資料：p. 132 より抜粋）

指導観	文章中の難しい語句は，グループに分かれて辞書で調べ，最後にクラスで共有する。また，比喩などの抽象的な表現は，適宜平易な言葉に置き換えながら板書に整理し，解説を加えていく。 各授業後の課題については，できるだけ，その日の授業内容をそのまま復習できるような穴埋め式のワークシートにする。

判断力，表現力等」「学びに向かう力，人間性等」という資質・能力の三つの柱に沿って設定することが望まれる。

　学習指導要領（平成 29・30 年告示）以前の指導案では，個々の単元の目標に見合うような指導方法に重きが置かれていた。一方，学習指導要領（平成 29・30 年告示）では，特定の単元・教科だけに通用するような狭義の指導の考え方のみならず，すべての教科に応用可能な，学術的知見を踏まえた指導の考え方が提案されている。各授業の具体的場面で用いる指導方法も大事だが，個別的な単元にとどまらない，カリキュラム全体に通底するような指導の観点があると，連続的で段階的な指導の積み上げも期待できる。

❷ 評価の観点の課題：授業者個々の主観的課題

　評価の観点は，学習指導要領の教科・科目の目標や内容を踏まえ，国立教育政策研究所が示す評価規準に沿って，表中に観点と規準を示すことが一般的であった（表 2-5）。例えば，表 2-5 では学習指導要領（平成 21 年告示）を踏まえて，ア「関心・意欲・態度」，イ「思考・判断・表現」，ウ「技能」，エ「知識・理解」という 4 観点が示され，その下にそれぞれ①②……と小観点が設けられている。こうした枠組みは，学習者を観点別にどのように評価するのか，そして単元において身につけさせたい力の可視化に役立ってきた。

　しかし，こうした形式にも改善し，充実させるべき点がいくつかあった。まず，資質・能力を指し示す小観点の設定については，授業者個々の主観的な理解に拠らざるを得なかったことが課題として挙げられる。加えて，教科固有の知識の枠組みの中でどのような見方・考え方を育てるのか，といった視点と，実生活・実社会に転移可能な見方・考え方という視点との両立がなさ

表 2-5　評価の観点（巻末資料：p. 132 より抜粋）

	評価の観点			
国語科本単元の観点	ア 文章読解への 関心・意欲・態度	イ 言語による 思考・判断・表現	ウ 言語構造に関する 技能	エ 言語に対する 知識・理解
趣旨	本文の内容に興味をもち，筆者の考えを理解しようと努めている。	自分の考えを伝え，他者の意見も受け入れながら自分の考えを構築し，根拠づけながら文章で書くことができる。	論理展開の形式の類型を体系的に理解している。	対比関係や抽象的な表現がもたらす効果を理解している。
観点ごとの評	①本文の内容に興味をもち，筆者の考えを理解しようとしている。 ②クラスメートと協働しながら，本文に	①発問に対して，適切に自分の考えを表現している。 ②他者の意見も受け入れながら自分	①対比関係を理解している。 ②論理展開の形式の類型を体系的に	①本文の具体例と，それが挙げられた意義を理解している。 ②抽象的な表現がもたらす効果を理

れていなかった。

　教科の学びの中には，当該の教科を学問の一つとして位置づけ，深く探究していく中で見えてくる教科固有の知識体系がある一方，実生活や実社会にも転移可能な知識も存在する。これらは明確に二分することはできないが，授業者としてこの 2 つの視点をもつことは，新課程の授業をつくっていく上で大切である。

❸ まとめ

　「指導観」の設定にあたっては，具体的な単元に即した指導方法を並べるのではなく，単元全休の目標を踏まえながら，資質・能力の三つの柱のそれぞれを伸長させうる指導方法を選択すること，また，単元に左右されない，カリキュラム全体に通底するような指導方法をとることが肝要である。

　また「評価の観点」については，単元目標や活動計画との整合性を見据えながら，教科固有の見方・考え方と転移可能な見方・考え方の両軸で具体化を図っていくことの重要性を指摘した。

指導・評価の設定のためのポイント

●指導観

- 単元目標との関連を意識した指導の在り方を考える。
- 資質・能力の三つの柱「知識及び技能」「思考力，判断力，表現力等」「学び に向かう力，人間性等」とはどのようなものかを考えながら指導観を設定す る。
- 個々の教科や単元に左右されない，カリキュラム全体を見据えた指導方法を とる。

●評価の観点

- 評価は，教科固有の見方・考え方と，実生活・実社会に転移可能な見方・考 え方の両軸を視野に入れながらそれぞれ具体的に考えていく。
- 評価は，学習者の課題・単元目標・指導方法と連関するものであるという視 点をもつ。

3　単元の指導計画と本時の展開における課題

❶ 単元の指導計画設定の課題：資質・能力育成が二番手に

　単元の指導計画は，各時間の目標と学習内容・活動，評価規準と方法を示 すことが一般的である（表2-6）。そして，本時の展開では，1単位時間の時 間配分と学習活動，指導上の留意点，及び評価規準・方法といった構成がな されるのが一般的である（表2-7）。では，学習指導要領（平成29・30年告 示）に対応する単元の指導計画と本時の展開はどうあるべきなのだろうか。一 般的な指導案との比較を通して，IB教育で採用されている教育の諸理論を参 考としながら，どのような点を改善し充実させたほうがよいのかを提案する。

　従来の単元の指導計画では，①各時間の目標，②学習内容・活動，③評価 規準と方法，といった3つの視点から単元全体の流れを示す，といった形が とられてきた（表2-6）。例えば表2-6を見ると，各時間の3つ目の目標とし

表2-6　単元の指導計画における項目（巻末資料：p. 136 より抜粋）

時間	各時間の目標	学習内容・活動	評価規準と方法
1	・本文を通読し全体のテーマを確認する。 ・新出の漢字や語句を書けるようにする。 ・全体の意味段落の構成を捉える。	・範読し，新出の漢字などにルビを振らせる。 ・グループに分かれて辞書で調べる。 ・適切な段落の分け方を理由とともに挙げる。	・アー①【記述の観察】 ・アー②【行動の観察】 ・ウー①【行動の観察】

表2-7　本時の展開における項目（巻末資料：p. 138 より抜粋）

時間 (50分)	学習活動	指導上の留意点	評価規準と方法
10分	【導入】 ・前時の振り返り。 ・本時の目標の確認。	・第三段までの内容の復習。 ・日本人の「感性」及び「見えない水と，目に見える水」という表現の意味内容を理解した上で，自身が水を鑑賞する際の見方の特徴を文章にまとめ，発表する。	・ウー①【行動の観察】 ・イー②【行動の観察】

て「全体の意味段落の構成を捉える」とあり，それに対応する学習内容・活動として「適切な段落の分け方を理由とともに挙げる」が設定されている。そして，そうした学習内容・活動を記述や行動の観察によって評価することが示されている。このような形式は，全体の流れの中で，どのような学習内容をどのようなタイミングで指導するのか，といったことを把握するのに役立ってきた。加えて，評価規準を示すことにより，単元における学習活動と評価の観点とのつながりを可視化できていた。

　一方，こうした単元の指導計画にも課題はあった。一つは学習内容・活動の後に評価規準と方法が示され，生徒の資質・能力をどのような評価材料・方法によって測定するのか，といった具体例が示されてこなかったことである。とりわけ，生徒の学びに向かう力（主体性）の評価がどのような視点でなされるのか，といった内容が見えづらかった。すなわち，評価が二番手として扱われ，第3章で後述する逆向き設計によるカリキュラムデザインが十

分になされていなかったのである。

　もう一つは，授業内でどのように資質・能力を育成していくのか，学習活動とのつながりが見えづらかった点にある。授業は一般的に，生徒の資質・能力を育成するために，教師による説明や発問・問いかけ（発問と問いの違いは本書p. 78 の表6-2 を参照），生徒の課題作成や発表といった学習活動を採用しながら展開されていく。ところが，こうした一連の学習活動の方法が十分に示されてこなかった。

❷ 本時の展開における課題：ねらいの見えづらさ

　本時の展開とは，単元の指導計画における本時の詳細を示すものである。各学習活動の詳細と時間配分を示した上で，指導上の留意点及び評価規準と方法が示される（表2-7）。例えば表2-7では，学習活動の１つ目として前回の振り返りが用意され，指導上の留意点として，教材の第三段までの内容を取り扱うよう示している。そして，こうした生徒の学習活動を，行動の観察によって評価づけするよう明示している。このような形式により，１単位時間で網羅する学習内容と生徒の学習活動を把握することを可能とした。

　しかし，こうした形式にも改善し，充実させるべき点がいくつかあった。まず，それぞれの学習活動のねらいが見えづらく，どのような目的があって学習活動が展開されているのかが把握しづらかった。

　次に，授業内における発問・問いにはどのようなものが用意されているのか，そして，それらに対する生徒の想定回答としてどのようなものが考えられるのかが十分に示されてこなかった点である。すなわち，どのような発問・問いを，どのようなタイミングで投げかけ，どのような方法で授業を展開していくのか，といった教育方法がほとんど明示されてこなかった。

❸ まとめ

　本節では，一般的な指導案における単元の指導計画と本時の展開における課題を指摘した。一つは，評価材料・方法を二番手にせず，生徒に身につけさせたい資質・能力と授業内での学習活動のつながりを可視化することであ

る。そしてもう一つが，学習活動中における発問・問いを示し，どのように授業を展開していくのかを明示することである。指導案作成にあたっては，これら2点の関連性を意識することが大切である。

単元の指導計画と本時の展開のためのポイント

●単元の指導計画

単元を学習する上で求められる結果・目標を念頭に置き，どのような発問・問いによって学習内容に迫っていくかを示し，それをどのように評価するのか，また，どのような学習活動を展開するのかといった流れを示す。すなわち，単元の指導計画の流れを「目標⇒発問・問い⇒評価の内容と方法⇒学習活動」とし，単元内で身につけさせたい最終的な結果から遡ってデザインする（逆向きに設計する）。なお，本書では，資質・能力は発問・問いへの応答によって育成される，という立場をとる。

●本時の展開

・1単位時間における目標，評価内容・方法及び学習活動を一体的に捉え，それぞれの関係性を可視化する。

・単元の指導計画と同様の流れに組み直すことに加え，どのような発問・問いが学習活動の中でなされているのかを明示する。

🔆 Topic 2 　アクティブ・ラーニングの要素

　探究を深める指導の実施にあたっては，プリンスのアクティブ・ラーニングの考え方（Prince, 2004）が参考になる。IB においても，探究型学習の理論的枠組みとして，これが適用されている。アクティブ・ラーニングは，知識伝達型の指導法を採用せず，意味のある学習活動を通して自分たち（学習者）が何をしているのかを考えさせる指導法である（Prince, 2004）。以下は，アクティブ・ラーニングを構成する3つの指導法である。

①協働学習（collaborative learning）
　一つの共通の目標に向かって，小さな単位のグループを組み，学習者が一緒に作業に取り組むことを促す指導法である。学習者がもっている経験と結びつけながら，対話を通して学習者の考えを深めていくことを特徴とする。

②協同学習（cooperative learning）
　ジョンソンら（Johnson & Johnson, 1991）により提唱された協同学習とは，小集団による学習活動を指す。ただし，協同学習における評価は個人評価であることを特徴とする。協同学習では，学習者がそれぞれに責任をもち，相互に助け合いながら，互いにやりとりをし，対人関係で必要な諸技能を向上させることをねらいとしている。そして小集団による学習活動を振り返ることで，よりよい学びの在り方を追求することを特徴とする。

③問題に基づく学習（problem-based learning）
　指導過程の最初の段階で，指導内容と関連のある学習課題を提示し，能動的に協働学習や協同学習を行わせ，学習者自身の力で問題解決に迫っていけるよう支援する指導法である。

第Ⅱ部

IB教育から学ぶ

　第Ⅱ部では，授業改善に向けた考え方と，IB教育の特徴を取り入れた指導案の構成・考え方を紹介する。

　第3章では，IBとは何かを概説し，資質・能力を育成するためのIB教育の考え方を確認する。第4章ではIBのエッセンスを取り入れた指導案の目標・課題を設定する方法を示し，第5章では指導観・評価の設定の方法を提案する。そして，第6章では単元の指導計画と本時の展開について，IBで取り入れられている教育理論や方法を用いながら組み立てる方法を示す。

第3章 国際バカロレア（IB）の プログラムとその特徴

　本章では，第2章で確認した一般的な指導案を学習指導要領（平成29・30年告示）の理念を踏まえた内容とするために，IBのエッセンスを取り入れた指導案を提案する理由を説明する。

　まず，IBの教育理念とカリキュラムの構造について概観し，次に，学習指導要領（平成29・30年告示）が目指す「学術的知見を踏まえた教育」（本書第1章第2節参照）に対して，IBが用いる教育理論，特に，授業改善のために重要な「逆向き設計論」と「概念型カリキュラムと指導」について基本的な考え方を紹介する。

1　IBの教育理念とカリキュラムの構造

　なぜ，私たちが国際バカロレア（International Baccalaureate；以下，IBとする）のエッセンスを取り入れた指導案の開発を行ったのか，それは，日本の教育改革で意図されている①コンピテンシー・ベースの教育，②学術的知見を踏まえた教育が，IBで行われていると理解しているからである。本節では，IBの教育理念やカリキュラム構造に着目し，IBがコンピテンシー・ベースの教育をどのように実施しているのか，紹介していく。

　IBとは，より平和な世界の実現を目指して1968年に設立された，非営利教育財団である国際バカロレア機構（International Baccalaureate Organization；以下，IB機構とする）によって開発・展開される国際教育プログラムのことである。IB機構からIBのプログラムを実施することが認められたIB認定校（IB World School）は，世界159以上の国・地域に5,400

校以上が存在している（2022年現在）。特に，近年，中東地域やアジア諸国でIB認定校の数は増え続けている。日本でも，文部科学省を中心に，IBを次世代の教育の先行モデルと位置づけ，全国で200校まで増加させる目標を掲げており，教育関係者を中心に注目を集めているカリキュラムであると言えるだろう。

　IB教育を理解するためには，IB機構が掲げるIBの使命（IB mission statement）を理解することが不可欠である。表3-1を見ると，IB機構は，多様な文化の理解と尊重の精神を通じて，よりよい，より平和な世界を築くことに貢献する，探究心，知識，思いやりに富んだ若者の育成という教育理念の実現を目指し，幼児期から大学入学前までの児童生徒を対象に，4つの教育プログラム[1]の開発に取り組むことを主張している。

　教育分野で掲げられるコンピテンシーは，「基礎的リテラシー」（言語や数，情報を扱う力），「認知スキル」（思考力や学び方を学ぶ力），「社会スキル」（社会や他者との関係やその中で自立に関わる力）の3つを含むという特徴があることを思い起こせば（本書第1章第2節参照），IBの使命には，知識や探究心，思いやり，積極性，共感する力，生涯にわたり学習する力など，基礎的リテラシー，認知スキル，社会スキルの要素が含まれている。IBの教育でも，コンピテンシーの育成を教育理念として掲げていることがわかる。

　では，この教育理念を実現するため，IBはどのような教育プログラムを展開しているのだろうか。ここでは，IB機構が示すプログラムモデル図（図3-1）を用いて，DPを例に解説する。

1　IBの4つの教育プログラムは以下のとおりである。
　・「初等教育プログラム（Primary Years Programme；PYP）」（対象は3〜12歳）
　・「中等教育プログラム（Middle Years Programme；MYP）」（対象は11〜16歳）
　・「ディプロマプログラム（Diploma Progtamme；DP）」（対象は16〜19歳，2年間）
　・「キャリア関連プログラム（Career-related Programme；CP）」（対象は16〜19歳，2年間）
　本書では，特に高校2・3年生に該当するDPに注目する。2年間のプログラムであるDPは，最終試験を経て所定の成績を修めれば，IBディプロマ（国際バカロレア資格）が付与される。この資格は，世界75か国2,500以上の大学の入学資格として活用されており，世界トップクラスの大学でも入学資格として認めていることから，国際標準の教育プログラムであると評価されている。

表 3-1　IB の使命（International Baccalaureate Organization, 2017a ／ 2017）

IBの使命（IB mission statement）

国際バカロレア（IB）は，多様な文化の理解と尊重の精神を通じて，より良い，より平和な世界を築くことに貢献する，探究心，知識，思いやりに富んだ若者の育成を目的としています。

この目的のため，IB は，学校や政府，国際機関と協力しながら，チャレンジに満ちた国際教育プログラムと厳格な評価の仕組みの開発に取り組んでいます。

IBのプログラムは，世界各地で学ぶ児童生徒に，人がもつ違いを違いとして理解し，自分と異なる考えの人々にもそれぞれの正しさがあり得ると認めることのできる人として，積極的に，そして共感する心をもって生涯にわたって学び続けるように働きかけています。

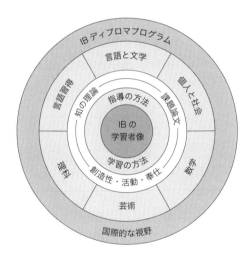

図 3-1　DP のプログラムモデル図（International
Baccalaureate Organization, 2017b ／ 2020,
p. 7 をもとに作成）

　図 3-1 のプログラムモデル図は，DPで履修する教科等に加え，DPの理念や教育方針，教育手法も提示されている。特に円の中心部分には，IBの学習者像という文言が確認でき，これがDPにおける教育哲学の核となっていることがわかる。IBの学習者像とは，IBの使命を具現化したものであり，学習者がもつべき目標として10の姿が示されている。具体的には，表 3-2 で示すように，探究する人，知識のある人，考える人，コミュニケーションがで

表3-2　IBの学習者像（Iinternational Baccalaureate Organization, 2017a／2017）

目指すべき人物像	説　明
探究する人	私たちは，好奇心を育み，探究し研究するスキルを身につけます。一人で学んだり，他の人々と共に学んだりします。熱意をもって学び，学ぶ喜びを生涯を通じてもち続けます。
知識のある人	私たちは，概念的な理解を深めて活用し，幅広い分野の知識を探究します。地域社会やグローバル社会における重要な課題や考えに取り組みます。
考える人	私たちは，複雑な問題を分析し，責任ある行動をとるために，批判的かつ創造的に考えるスキルを活用します。率先して理性的で倫理的な判断を下します。
コミュニケーションができる人	私たちは，複数の言語やさまざまな方法を用いて，自信をもって創造的に自分自身を表現します。他の人々や他の集団のものの見方に注意深く耳を傾け，効果的に協力し合います。
信念をもつ人	私たちは，誠実かつ正直に，公正な考えと強い正義感をもって行動します。そして，あらゆる人々がもつ尊厳と権利を尊重して行動します。私たちは，自分自身の行動とそれに伴う結果に責任をもちます。
心を開く人	私たちは，自己の文化と個人的な経験の真価を正しく受け止めると同時に，他の人々の価値観や伝統の真価もまた正しく受け止めます。多様な視点を求め，価値を見いだし，その経験を糧に成長しようと努めます。
思いやりのある人	私たちは，思いやりと共感，そして尊重の精神を示します。人の役に立ち，他の人々の生活や私たちを取り巻く世界を良くするために行動します。
挑戦する人	私たちは，不確実な事態に対し，熟慮と決断力をもって向き合います。一人で，または協力して新しい考えや方法を探究します。挑戦と変化と機知に富んだ方法で快活に取り組みます。
バランスのとれた人	私たちは，自分自身や他の人々の幸福にとって，私たちの生を構成する知性，身体，心のバランスをとることが大切だと理解しています。また，私たちが他の人々や，私たちが住むこの世界と相互に依存していることを認識しています。
振り返りができる人	私たちは，世界について，そして自分の考えや経験について，深く考察します。自分自身の学びと成長を促すため，自分の長所と短所を理解するよう努めます。

きる人，信念をもつ人，心を開く人，思いやりのある人，挑戦する人，バランスのとれた人，振り返りができる人を指す。この10の学習者像は，4つのプログラム（PYP，MYP，DP及びCP）すべてに通底する，国際的な視野をもつ学習者が目指すべき姿である。そのため，IB認定校はこの10の学習者像を踏まえながら，教育活動を実施している。学習計画を立てる際に，10の学習者像のうちどのような学習者を目指すことになるかを見据えた上で，目

の前の学習者に適切な計画を作成することを心がけている。

　そして，円の中心部から一つ外側には，指導の方法（アプローチ）（Approaches to Teaching；ATT）と学習の方法（アプローチ）（Approaches to Learning；ATL）がある。ATTやATLとは，教員と学習者がIB教育が掲げる目標を実現させるための，学びの基礎のことである。ATTでは6つの指導方法を示しており，ATLでは，IBの学習を通して身につける5つのスキルが説明されている。いずれもプログラム内で共通して（教科群の枠を越えて）用いられる重要なアプローチである（詳細は，本書第5章で解説）。

　そしてATTとATLの外側には，3つのコアと6つの教科群（グループ）がある。プログラムのコアとなるものが，課題論文（Extended Essay；EE），知の理論（Theory of Knowledge；TOK），創造性・活動・奉仕（Creativity, Activity, Service；CAS）である。EEとは，学習している科目に関連した研究課題を設定して，自ら調査・研究を行い，論文としてまとめることを通して，研究スキル，記述力，創造性を育むことを目指すものである。TOKとは，知の本質について考え，「知識に関する主張」を分析し，知識の構築に関する問いを探究するものである。批判的思考を培い，学習者が自分なりのものの見方や，他者との違いを自覚できるように促すものである（詳細は，本書Topic 7参照）。CASとは，学外での活動を積み重ね，様々な人との共同作業をすることにより，協調性，思いやり，実践の大切さを学ぶものである（詳細は，Topic 4参照）。コアは必修要件であり，教科群の枠を越えて必要となる能力を身につけることを目指すものである。コアの周辺には，6つの教科群（グループ）が位置している。6つの教科群（グループ）は，自然科学，社会科学，人文科学に関する科目が，バランスよく配置されている（表3-3参照）。

　最後に，教科の外側に示される国際的視野とは，「世界に対しての開かれた態度と，人間が相互に関わりあっているという事実を認識した考え方，在り方，そして行動によって特徴づけられる，多面的かつ複雑な概念」（International Baccalaureate Organization, 2017a／2017, p. 3）と定義されており，IBの所定のカリキュラム，プログラムの履修を修了した後に達成され

表3-3　ディプロマプログラムの3つのコアと6つの教科群（文部科学省IB教育推進コンソーシアム事務局，2019をもとに作成）

3つのコア
課題論文（Extended Essay；EE） 知の理論（Theory of Knowledge；TOK） 創造性・活動・奉仕（Creativity，Activity，Service；CAS）

6つの教科群	
グループ名	科目例
1　言語と文学（母語）	言語A：文学，言語と文学，文学と演劇※
2　言語習得（外国語）	言語B：初級語学，古典語学
3　個人と社会	ビジネス，経済，地理，グローバル政治，歴史，心理学，環境システムと社会※，情報テクノロジーとグローバル社会，哲学，社会・文化人類学，世界の宗教※
4　理科	生物，化学，物理，デザインテクノロジー，環境システムと社会※，コンピュータ科学，スポーツ・運動・健康科学※
5　数学	数学Analysis，数学Application
6　芸術	音楽，美術，演劇，ダンス，フィルム，文学と演劇※

　各グループから1科目ずつ選択し，計6科目を2年間で履修。ただし，グループ6（芸術）は他のグループからの科目に代えることも可能。6科目のうち，3〜4科目を上級レベル（HL，各240時間），その他を標準レベル（SL，各150時間）として履修。
　※「文学と演劇」はグループ1と6の横断科目，「環境システムと社会」はグループ3と4の横断科目。「世界の宗教」及び「スポーツ・運動・健康科学」はSLのみ。

るべきゴールとして据えられている。

　以上のように，IBのプログラムには教育理念を実現するため，すなわち，コンピテンシーを育成をするための様々な工夫が見られた。第一に，育成すべきコンピテンシーを，目標となる姿（態度・価値観含む）として明確化していたこと，第二に，目標の実現を支えるためにプログラムを通底する指導の方法（ATT）の共有や，目標を実現するために学習者に必要となる学習の方法（ATL）の提示がある。第三に，教科群（グループ）の枠を越えて重要となるコンピテンシーの育成を担うコアの存在がある。このように，教育理念（コンピテンシーの育成）を実現するための，首尾一貫したIBのプログラムの枠組みは，コンピテンシーを基盤とした教育の枠組み（コンピテンシー・ベース・カリキュラム）と理解することができるだろう。

2　IB教育を実現するユニットプランナー

　コンピテンシー・ベースの教育では，身近な生活課題や生徒の興味関心を
もとに，グループ活動を含む教科横断的，体験的な学習者中心の活動を基本
とする（本書第1章第2節参照）。では，IBは，こうした教育をどのように
実現しているのだろうか。ここでは，DPの授業計画を作成する際に用いられ
るユニットプランナー（いわゆる指導案）に注目し，その構成や特徴につい
て見ていく。

　DPのユニットプランナーは，単元の内容を基本とした指導案である。項目
は，表3-4のとおり，①目標設定，②探究を基盤とした指導，③指導法の種
類，④形成的評価（本書第5章第4節参照），⑤個に応じた指導法，⑥学習
の方法，⑦学際的な視点，⑧資料，⑨振り返りがある。

表3-4　IBユニットプランナーの配列と内容（赤塚ら，2022, p. 7）

項目	内容
①目標設定	単元の目標を記載している。学習者の知識・技術及び概念理解をどのように転移又は応用させるのかを記述している。
②探究を基盤とした指導	単元で学習させる内容や身に付けさせたい技能，単元を通底する概念を記述している。また，探究のための問いを内容，技能，概念別に記載している。
③指導法の種類	講義型，ソクラテス式の問答，グループによるプレゼンテーション等といった指導の方法を明記している。また，1単位時間毎の学習内容について，授業のはじめから終わりまで，生徒が何をするのかを記述している。
④形成的評価	単元で実施する形成的評価を記載している。
⑤個に応じた指導法	学習者のアイデンティティ確立への寄与，学習者がもつ既存の知識を活かしながら，学習の足場架けを行ったり，学びを拡張したりする手段を記載している。
⑥学習の方法	思考スキル，社会的スキル，コミュニケーションスキル，自己管理スキル，リサーチスキルといった技能のうち，どれを深めるのか記載している。
⑦学際的な視点	言語能力の向上や，DPコアである「知の理論（TOK）」や「創造性・活動・奉仕（CAS）」とのつながりを記載している。
⑧資料	授業中に使用する教材を記載している。
⑨振り返り	授業を進めるにあたり，うまくいった点やそうでなかった点を記述し，改善点等を記載している。

　コンピテンシー・ベースの教育との関連も踏まえながら，ユニットプランナーの特徴を見ていくと，第一に，目標設定に，実生活・実社会での活用が踏まえられている点がある。①目標設定の項目に示されるように，「学習者の知識・技術及び概念理解をどのように転移又は応用させるのか」が重視されており（表3-4参照），学習者が実生活・実社会にも学びを転移することを想定した目標設定が求められている。

　第二に，探究を基盤とする授業運営が基本となっている点が確認できる。②探究を基盤とした指導や，⑨振り返りの項目が設定されているように，教員は，単元で学習する内容や身につけさせたい技能について，探究・行動・振り返りのサイクルを用いた指導を行っている。探究とは，学問的知見と複雑な問題の双方について系統的に追究していくこと，行動とは，実生活・実社会性での経験を重視すること，振り返りとは，好奇心や経験を深い理解につなげるための批判的思考の育成を意図している。

　第三に，学習者中心の視点が踏まえられている点がある。ユニットプランナーの項目すべてに当てはまる点であるが，特に，④形成的評価，⑤個に応じた指導法の項目からも確認できる。教員は指導の際に，学習者の学びの過程を理解すること，社会的・文化的に豊かなアイデンティティ確立に寄与すること，学習者がもつ既存の知識を生かしながら，学習の足場かけを行ったり，学びを広げることを意識することが求められている。

　第四に，教科横断的な視点が踏まえられている点である。⑥学習の方法，⑦学際的な視点の項目からわかることは，教科・科目のみにとどまらず，学ぶために必要となる基礎的スキルを設定することや，コアとのつながりを意識した授業設計が必要とされている点が確認できる。

　以上のように，ユニットプランナーの項目や特徴からは，コンピテンシー・ベースの教育を支えるポイントが踏まえられていることがわかる。一方で，ユニットプランナーを作成していくためには，そこに通底する理論を理解しておく必要がある。IBの教育には学術的知見が踏まえられているが，本章では，IBの授業を構想する上で基本となる，①カリキュラム設計を理論的に支える「逆向き設計論」，②深い理解や高次の思考へ至るための「概念型カリキュラ

ムと指導」について概要を示したい。

3　IB教育を支える学術的知見

❶ 逆向き設計論

　IBのプログラム及び授業で通底して用いられている教育理論の一つである「逆向き設計論」とはどのようなものだろうか。この理論は，次章以降で紹介するIBのエッセンスを取り入れた指導案でも用いる重要な考え方の一つである。

　逆向き設計（バックワードデザイン）とは，ウィギンズとマクタイによって提唱される「指導を行った後で考えられがちな評価を先に計画する点，また単元末・学年末・卒業時といった最終的な結果から遡って教育を設計する」（Wiggins & McTighe, 2005／2012, p. iv）というカリキュラム設計の考え方である。ここでは基本的に次の3つの段階を経て，カリキュラムや単元設計を行う。第一に，目標設定，すなわち，求められている結果（目標）を明確にし，第二に，評価，すなわち，承認できる証拠（評価方法）を決定し，第三に，活動，すなわち，学習経験と指導を計画するという段階を経る（図3-2）。

　目標から逆算して論理的に考えていき，授業の活動を設計するという，意図的なカリキュラム設計の考え方について，目新しい理論とは感じない読者もいるかもしれない。この理論の重要な点には，カリキュラムや授業におけ

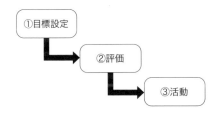

図3-2　逆向き設計の3段階（Wiggins & McTighe, 2005／2012, p. 22をもとに作成）

るゴール（結果）を不明瞭にしないことが挙げられる。それに加えて，①学習者を深い理解へ導くこと，②学習者が学習していることについて批判的な思考を働かせることができること，③学習していることを現実世界にも転移できるという点をウィギンズらは強調している（Wiggins & McTighe, 2005／2012, p. i）。すなわち，教育目標として掲げられるコンピテンシーをゴールとしても明確化し，確実に身につけることを重視している。一方で，学習者の深い理解を促すためにはどうすればよいのだろうか。そこで重要となるのが，網羅（coverage）と看破（uncoverage）の考え方である。

　網羅（coverage）とは，教科書を網羅することをゴールと認識してしまうことで，何ら内容に踏み込むことなく，表面的な詳細に焦点を合わせて授業を終えてしまうことを指している。この方法では，知識の階層性や記憶すべき優先事項などが学習者にわかりづらく，すべての知識を同列として理解してしまうという問題点もある。一方，網羅の対比として，看破（uncoverage）の考え方が役に立つ。看破とは，文字どおり，隠れていた何かの中に重要なものを発見することを示唆している。これは，網羅することの反対，すなわち，深く掘り下げることを意味する。看破するためには，一般的には，原理，法則，理論，概念の考えを用い，探究と（学問的）構成を通してその内容を実証したり，帰納したり，正当化したりしながら，もっともらしいと学習者が自分で理解したときに，これは意義のあるものであると理解される。他にも，重力，進化，虚数，アイロニー，テキスト，公式，理論や概念といった直感に反していたり，巧妙だったり，簡単に誤解されがちな観念や，また，何らかのスキルの概念的要素や方略的要素を扱うことを推奨している。こうした看破の考え方を用いることで，学習者が物事を本質的に深く理解し，実生活・実社会にも学びを転移することができるよう導いていくのである。

　IB教育は，探究を主とした学習を行っているが，その根幹には，この看破という考え方がある。学習者は，学問的知見（構造）と複雑な問題の双方について系統的に探究を行うことが推奨されている。

　しかし，学習者が物事の本質を見抜き，深い理解へ到達することは簡単ではないだろう。そこで，有効な手立てとして用いられているのが，リン・エ

リクソン（Erickson, H. L.）の「概念型カリキュラムと指導」の理論である。

❷ 概念型カリキュラムと指導

　エリクソンが提唱する「概念型カリキュラムと指導（Concept-Based Curriculum and Instruction：CBCI）」（Erickson, Lanning, & French, 2017／2020）は，表層的な知識・技能の習得にとどまらず，転移可能な性質をもつ概念（コンセプト）[1]の領域まで学習レベルを引き上げる3次元のカリキュラムモデル[2]である。ここでは特に，学習者が物事の本質を見抜き，深い理解へ到達することを助ける指導方法に注目する。

　そもそも指導方法には，演繹的アプローチと帰納的アプローチという考え方がある。演繹的アプローチとは，「授業の始めに学習目標の一般化[3]を共有する指導である。その後の学習経験においては，一般化の理解を裏づけたり証明したりする事実やスキルを，多くは探究を通じて生徒に特定させることに焦点を当てる」（p. 155）ものである。一方，帰納的アプローチとは，「実例や概念全体に見られるパターンについて調べ，分類し，整理し，問いを立てることをとおして，生徒が一般化をみずから構築するのをうながす指導」（p. 155）を指す。エリクソンは，学習者自らが思考を働かせ，一般化，すなわち，物事の本質へたどり着くことを重視し，帰納的アプローチを採用する（p. 99）。

　エリクソンの理論では，知識（事実とスキル）のみを学習しているだけでは高度で複雑な問題には対処できないとし，そこで重視されるのが，思考の

1　エリクソンは，概念について，「共通の特質をもつ一連の例に枠組みを与える思考の構築物（mental construct）。概念は時を横断し，普遍的かつ抽象的で（程度は異なる），その例には共通の特質がある」（p. 155）と説明している。

2　3次元のカリキュラムモデルとは，従来のカリキュラムが，事実とスキルの2次元を重視していたのに対し，学習の単元に関連する概念的理解を深めるべく，概念，事実，スキルを学ぶものである（p. 235）。

3　「知識の構造」の要素の一つである。エリクソンによれば，一般化とは，複数の概念の関係を表したもの。「本質的理解」「永続的理解」または「ビッグアイデア」とも呼ばれている。一般化は，時，文化，状況を超えて転移する概念的な理解である。一般化は，特定の事実内容やスキルと関連性のある，より深い理解を反映する（p. 155）。

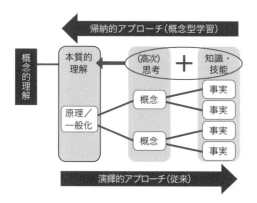

図3-3　概念を用いた授業（Erickson, Lanning, & French, 2017／2020をもとに作成）

統合，すなわち「相乗的思考」の考え方である。相乗的思考とは，事実的思考と概念的思考の間で起きる認知的相互作用（パターンやつながりへの気づき）を通して，より深い転移可能な理解と学習意欲の向上をもたらすものであると説明している（p. 157）。このように，事実に，普遍的かつ抽象的な「概念」を統合することにより，学習者自身が，複数の事実と概念の間にある普遍的な関係を理解（一般化や本質的な理解を）することこそ，学習者が物事の本質を見抜き，深い理解へ到達する方法であるとする（図3-3）この考えは，IBでは，「概念的理解」（International Baccalaureate Organization, 2017b／2020, pp. 90–93）と呼ばれ，指導のアプローチとして用いられている。

　以上に紹介したのはごく一部であるが，IBのプログラムや教育は，IBの理念をベースとしつつ，最新の学術的知見に支えられて構成されている。どのような教育学的理論に基づいているかは，IB機構が発行する各種ガイドの参考文献からも読み取ることができる。

　最後に，関係性がないように思われる概念型カリキュラムと指導の考え方と，学習指導要領（平成29・30年告示）を対比してみたい（表3-5）。

　表3-5から見えてくることは，第一に，目標として掲げられる資質・能力の三つの柱の階層性が不明である点がある。エリクソンの理論では，「知識の

表 3-5　学習指導要領（平成 29・30 年告示）と概念型カリキュラムの対比

	学習指導要領（平成 29・30 年告示）	概念型カリキュラムと指導
目標	育成すべき資質・能力の三つの柱 •知識及び技能 •思考力，判断力，表現力等 •学びに向かう力，人間性等	原理／一般化 •本質的理解 •概念的理解
目標達成のためのツール	見方・考え方（学びの深まりの鍵） •（既得の）資質・能力の三つの柱（知識及び技能／思考力，判断力，表現力等／学びに向かう力，人間性等）の活用	概念レンズ（相乗的思考） •トピック・事実・スキル
指導法	教材：演繹的アプローチ※ 教員：帰納的アプローチ※ •主体的・対話的で深い学び（アクティブ・ラーニング） •探究学習（活動）	帰納的アプローチ •構成主義と探究学習 •構造化された探究／導かれた探究 •「内容・スキル・概念」に関わる問い

※明確な指示はない

構造」（事実・トピック・概念・原理／一般化）を明確にすることで，学習者の知的水準を引き上げる方途を提示している（なお，逆向き設計論でも提示されている）。学習指導要領（平成 29・30 年告示）では，目標到達のためのツールとなる各教科等における見方・考え方が，「知識の構造」を理解するための方法と理解できるが，どのように実生活・実社会へ応用するのかは不明確である。第二に，指導方法のバリエーションの少なさがある。学習指導要領（平成 29・30 年告示）では初めて，学習内容のみならず，指導方法にまで言及されたことが大きな改訂ポイントであったが，目的や学習者に応じて指導方法を取捨選択するという考えに立てば，より多様な指導方法や理論について教員が理解しておくことが重要なことのように思われる。

　本章では，IB のプログラムやユニットプランナー（指導案），そして，IB の教育を裏づける理論について概観した。ユニットプランナーは，コンピテンシー・ベースの教育や，学術的知見を踏まえた教育を実現するための優れた指導案であると言えるだろう。しかし，学習指導要領（平成 29・30 年告示）に準拠する私たちの学校で，IB 独自の目標や，評価規準・方法の異なる IB のユニットプランナーをそのまま適用することは現実的ではない。そこで，私たちは日本の学校でも使用できるよう IB のエッセンスを取り入れた指導案の開発を行った。

　次章からは，第2章で検討した一般的な指導案の課題に対して，IBのエッセンスを取り入れて開発したIB型指導案について，その項目（①目標・課題の設定（第4章），②指導観・評価の設定（第5章），③単元・本時の指導計画における活動の取り扱い（第6章））とそれぞれの考え方・作成のポイントについて説明することとする。

🔆 Topic 3　初代国際バカロレア事務総長 アレック・ピーターソンの教育観

　国際バカロレア機構（International Baccalaureate Organization；IBO）が成立し，IB が本格的に始動したのは，1968 年である。初代国際バカロレア事務総長を務めたアレック・ピーターソン（Peterson, A. D. C.；1908-1988）は，IB の教育理念やカリキュラム開発に大きな影響力をもつ人物である。ピーターソンは，国際バカロレア事務総長をはじめ，オックスフォード大学の教育学部長やインターナショナル試験委員会の委員長を務めるなど，国際理解教育に関する中心的な人物として多くの貢献をしてきた。こうしたピーターソンの出発点には，イングランドでの教職経験，さらには校長として務めた経験が深く関係してきている。1932 年に教職に就いた彼にとって，当時のイギリスの教育カリキュラムは決して満足できるものではなかった。そうした自身の問題意識に基づき，彼の研究テーマは国際理解教育にとどまらず，真の教育とはどうあるべきか，さらに，それをどのように具現化していくべきか，という教育に関する根源的な問いについて考えるものであった（Peterson, 2003）。

　彼の教育理念に関する中心的な考えはどのようなものだったのだろうか。ピーターソンは「カリキュラムについて単に知識を記憶するだけではなく批判的分析や批判的学習を中心としたカリキュラム開発を志向」（相良・岩崎, 2007）していた。そのため，知るため・考えるための方法について言及している。例えば，「モンテーニュが指摘した"way of thinking"であり，言い換えるならば，フランス首相であったエドガール・フォール（Faure, E.）の言う"learn to learn"である」（Peterson, 2003, p. 41）とその重要性に言及している。このクリティカルな視点を踏まえた分析やクリティカルな視点を踏まえた学習，学び方の学習，知るための方法といったアイデアは，IB のコア（TOK，CAS，EE）やプログラム全体に貫かれた考え方（ATT，ALT）として，創設当初から現在まで IB を支える中心的な考えとして継承されている。

🔦 Topic 4　経験学習に根差したCASの重要性

　IBの教育プログラムの祖，アレック・ピーターソンは，DPの核となる3つの科目を構想する上で，その主たる教育目標を知識の獲得に据えなかった。DPのコア科目の一つである「知の理論（Theory of Knowledge；TOK）」は，実社会に溢れる様々な知識を相対化し，クリティカルに捉え直すことでよき知識の担い手の育成を目指す科目であるが，ピーターソンは単に個人で知識を思考したり叙述したりするだけでは不十分であるとして，活動型科目である「CAS（Creativity, Activity, Service)」の重要性を説いた。

　IBにおけるCASの最大の特徴は，他者との協働を軸に，学習者自身の視野を広げるよう目標が設定されていることと，全教科を包括するコア科目であることにある。CASはDPの修了要件科目の一つとして，様々な活動を学習者に課す一方，その協働性・活動性の面でIBの全教科・科目を網羅的に包括する役割も担っている。IBの生徒は，日常のアカデミックな教室での学びをCAS活動に持ち込むこともあれば，CASで体得した協働的な視点をアカデミックな学習の場に汎用させることもある。CASとTOKは，まさにIB教育の両輪として学びのコア（中核）を成し，IBの学習活動全体のバランスを整えているのである。

　課外活動という意味において，日本では部活動がその役割の一部を担っているが，①部活動は選択制で，学びが個別的・限定的であること，②学習指導要領において，部活動と日常の学習活動との相互関連性が深く意識されて設計されていないこと，などの点がCASとは異なる。公的・共同的な活動を基盤に据えた教育を国内で体系化し，推進する上で，IBのCASの考え方は示唆に富むものである。

　CAS活動には，①1回で完結する活動，②継続的に行われる活動，③CASプロジェクトの3種類があり，学習者は学校のCASコーディネーターとの連携のもと，DPに在籍する18か月もの期間，継続してCAS活動を行うことが義務づけられている。

　また，CAS活動の要素は，Creativity（創造性），Activity（身体的活動），Service（奉仕）の3要素から構成される。「創造性」と「身体的活動」については，学校での活動（行事・部活動など）・地域での活動・個人での活動の中から，自身で課題を設定し，学びの成果を振り返りながら取り組む。「奉仕」については，単にボラ

ンティアというだけでなく，学習者が主体的に地域・社会のニーズ（課題）を見極め，無償で取り組むことが望まれる。

「創造性」「身体的活動」「奉仕」のいずれも，①探究・調査・下調べ⇒②準備⇒③行動という3つの連続したステージの反復の中で実現される。ここで重要な点は，次のステージに移る際には常に「リフレクション」と「実証」の視点が求められることである。学習者はCASコーディネーターの支援を受けながら，自身が設定したCAS活動を適切に実現していくためにどのような計画で①〜③を実施すればよいか，どのように省察しながら改善すべきか，またそれをどのように実証に移すべきなのかといった問題を自分の力で考えなければならない。

このような「経験」と「省察」を重視するCASの理論的背景には，コルブの経験学習（experiential learning）の考え方がある（Kolb, 1984）。コルブはデューイやピアジェの理論をモデルとしながら独自の概念を打ち出した。

コルブの経験学習における学習過程は，

①具体的な体験
②省察的観察
③抽象的概念化
④能動的実験

からなり，これらの過程を経ることで，知識習得型の学びとは異なる，深い学びにつながるとされる。CASはこうした経験学習を基盤としながら実現されるのである。

最後に，DPの科目の中で評価が数値化されない科目はCASだけであることに触れなければならない。主体的に課題を発見し，振り返りをしながら18か月間継続的に自己と向き合い，他者と協働しながら課題解決を目指す。こうした活動を通じて，学習者はアカデミックな学びと有機的につながりながら成長することができたか。CASがコアの必須科目でありながら，評価が数値化されない理由はここにある。このようなCASの教育目標と評価の在り方は，教科における授業の在り方を再考する一助となろう。

目標・課題の設定

　本章の目的は，第2章で触れた3つの課題（①目標・課題の設定における課題，②指導観・評価の設定における課題，③単元の指導計画と本時の展開における課題）のうち，①の課題への対応を提案することである。具体的には，どのように実生活・実社会とのつながりを可視化するのか，学習者が抱える課題をどのように特定するのか，そして育成したい資質・能力を具体的にどのように明示するのか，といった疑問への対応である。そこで，本章では，これらの疑問に対応した指導案の作成に向けて，IBのエッセンスや学術的な知見に基づき，①目標・課題の設定について提案する。

1　到達目標と学習者観の設定

　IB型指導案「Ⅰ：目標・課題設定編」の構成・項目で重要な点は，学習者中心の学びへの転換に向けて，逆向き設計論（本書第3章第3節参照）の知見を踏まえて構想する点である。目標・課題の設定は，逆向き設計の3段階のうち「①目標設定」に位置する。そのため，目標（＝求められる結果）とそれを実現するための課題がつながりをもって設定されることが求められる。これは，一般的な指導案で課題であった「学習者が抱える課題をどのように特定するのか」そして，「育成したい資質・能力を具体的にどのように明示するのか」への改善ポイントとなる。

　学習者中心の課題を特定するためには，「到達目標」を理解することが大切である。この到達目標の項目には，「学習指導要領上での科目目標／年間指導計画上での目標」「建学の理念／自治体／学年／個人の理想の学習者像」など，

表 4-1　「学習者中心の課題設定」を行う項目（巻末資料：p. 131 より抜粋）

学習者中心の課題設定

到達目標	**学習指導要領上での科目目標／年間指導計画上での目標：** 論理的に考える力や深く共感したり豊かに想像したりする力を伸ばし，他者との関わりの中で伝え合う力を高め，自分の思いや考えを広げたり深めたりすることができるようにする。 **建学の理念／自治体／学年／個人の理想の学習者像：** 自己の能力を最大限に生かせるよう努めるとともに，他者に支えられて自己が高められるということを知る人間を目指す。

 目標からの落差としての課題

学習者観	Ⅰ．**知識・技能**：論理的思考力の体系を知らない。 Ⅱ．**思考・判断・表現**：対話を通じて思考を深める経験が不足。 Ⅲ．**主体的に学習に取り組む態度**：自身のこれまでの考えに対するこだわりが強い。

　目指すべき方向性を示す目標や，学校や自治体などが目指す理念・目標を記入する。到達目標を記入することで，目指すべき目標を把握し，目の前の学習者の実態との落差から課題設定を行う（これを「学習者中心の課題設定」と呼ぶ；表 4-1）。

　「学習者中心の課題設定」を行う際に注意する点は，2 点ある。1 つ目は，目指すべき学習者の姿を多角的な視点から想像できているかという点である。多角的視点とは，学習指導要領の目標のみならず，学校や地域の文脈も踏まえて課題を捉えられているかということである。加えて，本書では，一つの単元を対象とした指導案を作成しているが，目標を設定する際には，高校 3 年間（または，中学校も踏まえた 6 年間）⇒ 1 年間⇒半年⇒単元ごとというように，学習者が到達すべき最終的な目標から遡ってその時々の目標を把握することが大切である。このように逆算して目標を把握することで，現在の学習者の課題とは何かを設定することが可能となる。

　さらに，「学習者中心の課題設定」というと，一人ひとりの個別具体的な目標や課題設定を思い浮かべるかもしれないが，必ずしも一つの単元でそれを実現する必要はない。大切な点は，長期的なカリキュラムの中で，個人だけでなく学年やクラス単位の課題も見通した上で，克服に努めることである。

表 4-2　単元を貫く「資質・能力の三つの柱」

> 「求められている結果（育成すべき資質・能力）」
> ①実際の社会や生活で生きて働く知識及び技能の習得
> ②未知の状況にも対応できる思考力，判断力，表現力等の育成
> ③学びを人生や社会に生かそうとする学びに向かう力，人間性等の涵養
> ➡ 3 領域から課題を設定し，実施，評価する。

　2つ目は，学習者の抱える課題を，「資質・能力の三つの柱」の視点から設定するという点である。求められる結果に資質・能力の三つの柱を踏まえる視点は，学習指導要領（平成 29・30 年告示）の内容を逆向き設計論の考えをもとに検討したものである。

　求められる結果（育成すべき資質・能力）を資質・能力の三つの柱の視点から表すと，①実際の社会や生活で生きて働く「知識及び技能」の習得，②未知の状況にも対応できる「思考力，判断力，表現力等」の育成，③学んだことを人生や社会に生かそうとする「学びに向かう力，人間性等」の涵養となる（表 4-2）。この資質・能力の三つの柱は，単元の目標であり，課題であり，評価の観点であり，IB 型指導案に一貫性をもたらす視点となる。特に，指導案項目の「学習者観」「単元観」「単元目標」「指導観」「評価の観点」では，資質・能力の三つの柱を踏まえた評価の視点である「Ⅰ．知識・技能」「Ⅱ．思考・判断・表現」「Ⅲ．主体的に学習に取り組む態度」から，目標・課題を設定する。

　よって，「学習者観」を作成するためには，資質・能力の三つの柱を踏まえた評価の視点から捉えるとともに，到達目標と目の前の学習者の姿の落差から見えてきた学習者の課題を設定する。例を確認すると，「Ⅰ．知識・技能」では，「論理的思考力の体系を知らない」，「Ⅱ．思考・判断・表現」では，「対話を通じて思考を深める経験が不足」，「Ⅲ．主体的に学習に取り組む態度」では，「自身のこれまでの考えに対するこだわりが強い」と記されており，単に学習者観を記載するよりも，評価の視点をもつ課題の設定ができていることがわかる（表 4-1）。

　このように上述した点を踏まえ学習者の課題を設定するが，経験年数の長

い教員であれば，これまで受け持った生徒たちの姿を思い浮かべ，容易に想像できるかもしれない。しかし，教職課程を受講する学生や，新任の教員には難しいだろう。そこで参考にしてほしいのが，IBの学習者像である（本書p. 30 表3-2 参照）。

IBの学習者像は，一例ではあるものの「資質・能力の三つの柱」の視点からも捉え直せるような幅広い資質・能力をもとに設定されている。10の学習者像を参考とすることで「学習者観」が捉えやすくなることを期待したい。

2　単元観の設定と教材観

続いて単元観では，「求められる結果」を達成するためにどのような単元教材を用いればよいかについて検討する。

単元観で単元教材について考えるとき重要となる点は，本書第3章で触れたウィギンズとマクタイの「網羅」と「看破」の考え方である（第3章第3節参照）。学習者が資質・能力を身につけるためには，ただ教科書を網羅するだけでは不十分である。では，看破のためには，どのように教材を用いればよいのだろうか。

表4-3 は，教材の代表例である教科書の使用について，網羅と看破の立場から比較した表である。網羅の立場からは，教科書が年間計画であり，ページ順に読まれていくものであることや，学習する上で普遍的な事実を示すものとして捉えられている。一方看破では，教科書とは学習の目的に対応するための資料の一つにすぎず，重要な意味内容の要約にすぎないという立場に立つ。看破が示すところの，教科書のみに絶対的な価値を置かないという認識は，資質・能力を育成するという最終的なゴールを見据える上で重要な視点である。

単元観を作成する場合にも，第1節で述べたとおり，資質・能力の三つの柱を踏まえた評価の観点（Ⅰ. 知識・技能，Ⅱ. 思考・判断・表現，Ⅲ. 主体的に学習に取り組む態度）から単元の特徴を記載する。表4-4 に示すとお

表 4-3　教科書の使用における「網羅」と「看破」（Wiggins & McTighe, 2005 ／ 2012, p. 273 をもとに作成）

網　羅	看　破
教科書が年間計画である。教科書が提供するものを順に進んでいくことを超えるような明示的な目的は，何ら存在していない。	教科書は，明確な目的と学習成果によって設計された学習目的に対応する資源（リソース）として役立つ。
教科書は，ページ順に読まれる。	教科書の各節は，年間計画と単元で求められる結果につながる学習ゴールを支えるような並びとして読まれる。
一次資料やその他の二次資料は，めったに用いられない。教科書の要約は，分析され，探究され，検証され，批判されるべき記述としてではなく，学習されるべき既知事項として捉えられる。	教科書は，一次資料を含む，たくさんある資料のうちの一つである。なぜなら，ある部分では教科書は重要な観念を要約しているだけで，重要な論点と論争をないがしろにしているからである。

表 4-4　単元観（巻末資料：p. 131 より抜粋）

単元観	Ⅰ．知識・技能：水の例を通じて，主張と根拠の結びつきを扱える。 Ⅱ．思考・判断・表現：教材内の文化観の妥当性には議論の余地がある。 Ⅲ．主体的に学習に取り組む態度：東西の比較を通じて，自身の考えの偏りを知る。

り，「Ⅰ．知識・技能」では，「水の例を通じて，主張と根拠の結びつきを扱える」と教科書で明示される知識・技能を理解し，「Ⅱ．思考・判断・表現」では，「教材内の文化観の妥当性には議論の余地がある」とあるように，教科書が示す知識（主張）の背後にある問題や論点，問い，論争を深く掘り下げるために教材を用いることを明記する。この場合，教材は教科書だけでは不十分であり，共通したテーマの動画や新聞記事，論文や雑誌を用いることが考えられる。そして，「Ⅲ．主体的に学習に取り組む態度」では，「東西の比較を通じて，自身の考えの偏りを知る」とあるように，教材から学ぶ知識を，教材内の出来事のみならず，自分ごととして考えられる（転移する）ことを意図している。自分の考えの偏りを知るためには，論争や葛藤，矛盾が生じている新聞記事の比較や動画の視聴をもとに，他者との話し合いを通じて，自分の考えを振り返る機会をもつことが欠かせない。他には，地域住民やその分野の専門家へのインタビューで情報収集を行ったりすることも一案である。

　単元観を考える際には，ここまでに設定した「学習者中心の課題」がその

教材で解決できるのか再度問い直すことが求められる。問い直すための視点として，資質・能力の三つの柱から教材を俯瞰し，教科書の活用方法と教科書以外の資料の選定，そして，自ら資料を作成することも含めて選択していくことが求められている。

3　単元目標と単元の核をなす本質的な問いの設定

　最後に，授業計画の中心的目標となる「単元目標」とその目標を達成するための「単元の概念」及び「単元の核をなす本質的な問い」を設定する。これは，一般的な指導案で課題であった「どのように実生活・実社会とのつながりを可視化するのか」への改善ポイントとなる。

　「単元目標」は，これまで設定した「学習者観」（資質・能力の三つの柱から見た学習者が抱える課題）と「単元観」（資質・能力の三つの柱から見た単元の特徴）の両方とのつながりを踏まえて設定する（表4-5）。単元目標も，資質・能力の三つの柱の視点から設定することで，次章で解説する「指導観」や「評価の観点」とのつながりが明確となる。例えば，単元目標の「Ⅰ. 知識・技能」では「『事実⇒根拠⇒主張』という論理の一形式を知る」が目標になっている。これは，学習者観の「論理的思考の体系を知らない」という学習者中心の課題と，単元観の「水の例を通じて，主張と根拠の結びつきを扱える」という特徴を踏まえて立てられた目標である。「Ⅱ. 思考・判断・表現」「Ⅲ. 主体的に学習に取り組む態度」も同様である。

　単元目標は，この単元を通じて達成すべき重要な目標である。しかし，この目標へ到達するためには，掲げるだけでは資質・能力を育成できるとは言

表4-5　単元目標（巻末資料：p. 131より抜粋）

単元目標	Ⅰ. 知識・技能：「事実⇒根拠⇒主張」という論理の一形式を知る。 Ⅱ. 思考・判断・表現：異文化を比較することの問題点や限界を考える。 Ⅲ. 主体的に学習に取り組む態度：自分の考えを対話を通じて再構成しようとする。

表 4-6　本質的な問いの 7 つの要件（McTighe & Wiggins, 2013, p. 3 をもとに作成）

①オープン・エンドであること（答えが一つではなく，正解か不正解かで判断できない問い）。
②色々と考えさせられ，思考を刺激されるもの。
③分析したり，類推したり，評価したりといった高次の思考力が要求されるもの。
④問いにより導き出される答え（アイデア）が他の場面でも活用・転用できるもの。
⑤さらなる問いを生み出し，探究につながっていくもの。
⑥答えに理由づけが必要になってくるもの。
⑦何度問いに立ち戻っても，思考が繰り返されるもの。

いがたい。学習者が知識・技能を含め，思考力・判断力・表現力や主体的に
学習に取り組む態度までもを身につけるためには，単元を貫き，学習者の理
解を水路づける役割を果たす「問い」と「概念」の存在が必要である。続い
て，IB 型指導案における①「単元の概念」と②「単元の核をなす本質的な問
い」について概観していく。

　単元の概念を考えるためには，本質的な問いを理解しておく必要があるた
め，ここでは，「単元の核をなす本質的な問い」から見ていく。IB 教育では，
探究を基盤とした指導（本書第 3 章第 2 節参照）を行うため，探究のための
「問い」の設定が授業を進めていくために重要な指針となる。そして，こうし
た問いを中心としながら生徒の理解を深めていくアプローチは，ウィギンズ
とマクタイの研究を参考にし，カリキュラムに反映されている。ウィギンズ
とマクタイは物事のそもそも・根源に迫れるような問いを「本質的な問い
（essential questions）」と名づけ，表層的で，知識の断片を確認するような発
問と区別した（Wiggins & McTighe, 2005／2012, pp. 127–128）。ウィギン
ズとマクタイは本質的な問いの要件を次の 7 点に集約している（表 4-6）。

　7 つの要件を見ると，本質的な問いは，事実を確認したり，授業で扱う教
材の内容把握をしたりするような発問とは性質が異なることがわかる。問い
により，学びを深いところまで掘り下げることができそうであり，かつ答え
が一つとは限らない。すなわち，こうした本質的な問いにより，学習指導要
領（平成 29・30 年告示）のポイントである主体的・対話的で深い学びが誘
発されるのである。

　表 4-7 の指導案では，「単元の核をなす本質的な問い」として，「特定の文

表 4-7　単元の概念・単元の核をなす本質的な問い（巻末資料：p. 131 より抜粋）

問い	単元の概念：創造性 単元の核をなす本質的な問い：特定の文化を独自のもの（オリジナルなもの）と認めるための条件はどのようなものか。

化を独自のもの（オリジナルなもの）と認めるための条件はどのようなものか」を問いとして設定している。この問いは，前述した 7 つの要件にも当てはまると同時に，単元目標として設定した「Ⅰ．知識・技能：『事実⇒根拠⇒主張』という論理の一形式を知る」「Ⅱ．思考・判断・表現：異文化を比較することの問題点や限界を考える」「Ⅲ．主体的に学習に取り組む態度：自分の考えを対話を通じて再構成しようとする」（表 4-5）へ到達することを通して理解していくことが求められる問いとなっている。

　それでは，「単元の概念」とは何だろうか。ここでは，エリクソンが提唱する「概念的理解」「概念レンズ」（本書第 3 章第 3 節参照）の考え方を紹介する。エリクソンは，より高次で複雑な思考を促すためには，2 つの認知レベルで情報を処理する思考が必要であると指摘する。1 つ目は，事実または単純なスキル（低次）といった単純な情報処理思考，2 つ目は，概念（高次）のより複雑な情報処理思考であるという。概念的思考は，事実とスキルをツールとして使い，パターン，つながり，そして深く転移可能な理解を射止めるものである。このように学習者が自ら学ぶ対象へ何らかの意味の形成を行うためには，①低次の思考（事実とスキル）と②高次の思考（概念）といった 2 つの異なる思考が必要であり，この 2 つの相乗作用が生み出す「相乗的思考」こそが重要であるという（Erickson, Lanning, & French, 2017／2020, p. 15）。

　こうしたエリクソンの思考に対する考え方は，一部 IB でも採用されており，IB では「概念」を用いた学習を推奨している。例えば，表 4-8 は，MYP で使用されている 16 の「重要概念」である。

　この 16 の重要概念は，幅広く，教科を横断して転移するものとして使用される（マクロ概念ともいう）。概念には，これ以外にも一般的に，教科特有

表 4-8　国際バカロレア MYP における 16 の重要概念（International Baccalaureate Organization, 2017 ／ 2018 より作成）

美しさ	変化	コミュニケーション	コミュニティ
つながり	創造性	グローバルな相互作用	発展
形式	文化	アイデンティティ	論理
ものの見方	関係性	時間・場所・空間	システム

表 4-9　エリクソンの概念レンズの例（Erickson et al., 2017／2020, p. 18）

対立	複雑性
信念／価値	パラドックス
相互依存	相互作用
自由	変容
アイデンティティ	パターン
関係	起源
変化	革命
視点	改革
権力	影響
システム	バランス
構成／機能	革新
デザイン	才能
ヒーロー	実用性
影響力（force）	創造性

の概念（ミクロ概念）が存在している。

　エリクソンは，学習単元に焦点を合わせ，概念の転移を強化し，相乗的な思考を働かせるために使用される 1 つないしは 2 つの概念を指して，「概念レンズ」と呼ぶ（表 4-9 参照）。学習に概念レンズを持ち込むことで，今取り組んでいる学習に自分自身の思考を持ち込むように生徒へ働きかけることができる。

　表 4-9 は，生徒の概念的思考を促すため，指導計画作成者が協働で概念を決定するときに使用することができる概念レンズ候補の一覧である。この一覧はすべての教科・科目を網羅したものではないが，教員が自らの教科・科目と関連した概念レンズを選ぶときの例として提案されている。

　国際バカロレア MYP の「16 の重要概念」やエリクソンの「概念レンズ」は一例であるが，より高次で複雑な思考を促すことや，学習を転移する方法

として有効な手段である。表4-7の単元の学習では,「創造性」を概念として設定し,「単元の核をなす本質的な問い」を検討する際に手助けとなることを意図している。

4　まとめ

　本章では,「目標・課題」の設定をどのように行うのかということを整理してきた。一般的な指導案で課題であった「学習者が抱える課題をどのように特定するのか」そして,「育成したい資質・能力を具体的にどのように明示するのか」への改善ポイントとして,IBの逆向き設計論(本書pp. 35–36 参照),IBの10の学習者像(本書p. 30 表3-2 参照)に依拠しながら,①最終的に学習者が到達すべき目標から遡って目標を設定すること,②資質・能力の三つの柱を踏まえた学習者観の設定を提案した。

　次に,「どのように実生活・実社会とのつながりを可視化するのか」への改善ポイントとして,ウィギンズとマクタイの「本質的な問い」,エリクソンの「概念レンズ」を参考として,思考を深めたり,学習の転移を起こす方法として「単元の概念」「単元の核をなす本質的な問い」の設定を行うことを提案した。

　次章では,本章で設定した「目標・課題」が「指導観・評価」とどのようなつながりをもって設定されているのかについて概説していく。

Topic 5　概念型学習

IB のカリキュラム設計にも関わったエリクソンは「概念型カリキュラムと指導 (Concept-Based Curriculum and Instruction)」と呼ばれるカリキュラム設計論を提唱した。

エリクソンは，学習者の概念理解を深める学習を概念型学習と呼んだ。そしてこの学習の実現には，3 つの問いが鍵となる，と説明する。1 つ目は，事実に関する問い，2 つ目は概念的な問い，3 つ目は議論を喚起する問いである。これら 3 つの問いが，意図的に指導計画によって示されていることが重要であるとし，問いの例として以下のパターンを例示している（Erickson, Lanning, & French, 2017／2020, pp. 74–75）。

①事実に関する問いの例
　15〜17 世紀の大航海時代を牽引した主な要因は何か。
②概念的な問いの例
　国家が強い経済と政治の安定を求めるのはなぜか。
③議論を喚起する問いの例
　経済を回すことと安定した政治運営の両立のためには，国家にそれなりの緊張が生じるものと考えるのが自然である。一方，こうした緊張は，健全なものと言えるのか。あなたの意見・考えを述べなさい。

①では大航海時代という歴史的な出来事を示していることから，教科固有の知識を問うていることがわかる。そして，②では国家という語を示し，国家の概念的な理解を深めようとする意図が読み取れる。さらに③では，「こうした緊張は，健全なものと言えるのか」という問いかけから，学習者間の議論を促すことを求めている。教科・科目内で網羅すべき知識・技能と教科横断的な概念理解とのバランスに留意が必要であるが，概念型学習が実生活・実社会の本質的な課題を解決することにつながる学習であることがわかる。

指導観・評価の設定

1 指導観の改善と充実

　学習指導要領（平成29・30年告示）では，第1章総則により各学校・授業における指導方法は地域や学校，生徒の実態に合わせて教師が創意工夫することが求められている。IBプログラムにおいても「授業で用いることができる指導のストラテジーや方法は多岐にわたりますが，個々の教師や生徒にはそれぞれ好みの学習や指導のスタイルがあり，また，文化や国によっても普及しているスタイルは異なります」（International Baccalaureate Organization, 2017a／2020, p. 82）とし，多様な教育方法への理解を示し，指導の画一化に陥らない配慮がなされている。一方，IBでは，すべてのプログラムに共通する教師の指導方法として，「指導の方法（Approaches to Teaching；ATT）」と呼ばれる枠組みを設けている。これは数千校にも及ぶIB校の中で，教員個人の好みや独自のスタイルに沿った指導方法だけで授業が行われ，公平な評価活動が破綻してしまうことを抑止するためでもあるが，ATT自体はエリクソンの研究を含む幅広い学術的基盤をもっているため，IB教員は実際にこのATTをもとに自身の指導の方向を決め，個々の実践知を積み上げていくことができる。

　では，IBプログラムで導入されているATTとは具体的にどのようなものなのだろうか。また，ATTはIB型指導案で求められる指導観にどのように寄与するのだろうか。

　まず，IBが掲げる理念及びプログラムの要件との一貫性という，ATTの特徴について触れる。「指導の方法」は，IB固有の学習者像を意識した教育，探

究ベースの教育，生涯学習者のための方策・スキルの獲得といったIBの教育理念と密接に結びつく形で存立している。また，「教師は『知識の伝達者』ではなく，生徒の学習の『支援者』」(International Baccalaureate Organization, 2017a／2020, p. 82) であるという考えから，効果的な発問や問い，課題を与えることなどを通して「発達の最近接領域」[1] (Vygotsky, 1962, 1978) における学習を意識すること，また，自由闊達な議論や，生徒が思考を深められるような双方向的な授業展開など，クラス全体を巻き込む学習活動を実現させるために設定されている。IBの全プログラムでは，こうした理念と理想に紐づいたATTを導入することで，生徒同士や生徒・教師間で新たな価値観や意見・考えを構築し，新たな現実をつくり上げていくといった，いわゆる社会構成主義に基づく指導が実現されているのである。

　次に，ATTの具体的な内容を見ていく。ATTには「探究を基盤とした指導」「概念理解に重点を置いた指導」「地域的な文脈とグローバルな文脈において展開される指導」「効果的なチームワークと協働を重視する指導」「学習への障壁を取り除くデザイン」「評価を取り入れた指導」という6つのアプローチが明記されている（表5-1）。これらの背景には，先に言及したIBの理念とプログラム要件との一貫性，社会構成主義の学習観などが含められている。

　IB型指導案では，「知識・技能」「思考・判断・表現」「主体的に学習に取り組む態度」の資質・能力の三つの柱を踏まえた評価の観点に加えて，IBのATTの6要素を取り入れた枠組みを示している（表5-2）。指導計画作成にあたっては，これらの枠組みを意識しつつ，資質・能力の三つの柱を踏まえた指導観を具体的な教育方法とともに設定していく。なおATTの参照にあたっては，単元全体で6つのアプローチが網羅されていることが望ましい。6つのアプローチと資質・能力の三つの柱を踏まえたⅠ～Ⅲの指導観とは，一対一対応ではなく，ATTはあくまでⅠ～Ⅲの指導観を設定する際の参考として考えるとよい。

1　ヴィゴツキーは，人間の発達について，「自分一人でできる領域」と「他者の力を借りてできる領域」の2つを設定し，その間にある領域として「自分一人ではできないけれども，他者の力を借りればできる領域」を設定した。この間にある領域を「発達の最近接領域」と名づけた。

表 5-1　ATT における 6 つのアプローチ（International Baccalaureate Organization, 2017b ／ 2017, p. 8）

6 つのアプローチ	内　容
探究を基盤とした指導	児童生徒がそれぞれ独自に情報を入手し，独自の理解を構築することが重視されています。
概念理解に重点を置いた指導	各教科における理解を深め，児童生徒がつながりを見いだし，新しい文脈へと学びを転移させることを助けるために，概念の探究が行われます。
地域的な文脈とグローバルな文脈において展開される指導	指導には実際の文脈と例を用い，児童生徒は自分の経験や自分の周りの世界と関連づけて新しい情報を処理することが奨励されています。
効果的なチームワークと協働を重視する指導	児童生徒間でのチームワークと協働を促すだけでなく，教師と生徒間の協働関係もこれに含みます。
学習への障壁を取り除くデザイン	指導は包括的で，多様性に価値を置きます。児童生徒のアイデンティティを肯定し，すべての児童生徒が自身の適切な個人目標を設定し，それを追求するため，学習機会を創出することを目指します。
評価を取り入れた指導	評価は学習成果の測定だけでなく，学習の支援においても重要な役割を果たします。効果的なフィードバックを児童生徒に提供するということも，重要な指導方法の一つとして認識されています。

表 5-2　資質・能力の三つの柱を踏まえた評価の観点と IB の ATT を踏まえた指導観（巻末資料：p. 133 より抜粋）

指導観	Ⅰ．**知識・技能**：三角ロジックなど，論理に関する思考ツールを用いる。 Ⅱ．**思考・判断・表現**：「自文化中心主義」などの関連概念を示す。 Ⅲ．**主体的に学習に取り組む態度**：まずはじめの授業で，自分の考えを確認させる。 **指導の方法（Approaches to Teaching；ATT）** ☑ 探究を基盤とした指導 ☑ 概念理解に重点を置いた指導 ☑ 地域的な文脈とグローバルな文脈において展開される指導 ☑ 効果的なチームワークと協働を重視する指導 ☑ 学習への障壁を取り除くデザイン ☑ 評価を取り入れた指導

2　評価の観点の改善と充実

　次に評価の観点を見ていく。一般的な指導案の課題は，実生活や実社会にまで生かせるスキルや，教科の学びの転移可能性に対する視点が弱いということであった。その点，IB は DP のプログラムモデル図にも表されていると

表 5-3　ATLが掲げる5つのスキル（International Baccalaureate Organization, 2015／2015を
もとに作成）

5つのスキル	内　容
思考スキル	批判的思考，創造的思考，倫理的思考といった高次の思考スキルから低次のスキルまでを扱う。また，それらを振り返る力も含む。
リサーチスキル	情報の比較，対照，検証，優先順位づける力など。
コミュニケーションスキル	口頭及び記述によるコミュニケーション，効果的な傾聴，及び議論を組み立てる力など。
社会性スキル	良好な社会的関係を築いて維持する，他者の話を傾聴する，対立関係を解消する力など。
自己管理スキル	時間や課題の管理といった管理・調整スキルと，感情やモチベーションを管理する情意スキルの両方を含むもの。

おり，教育到達目標が「国際的視野をもつ人材の育成」に結びついており，目標⇒評価⇒活動の一連のプロセスが，常に実社会とつながっている。本節ではIBが採用するATLをもとに，目指すべきスキルと評価の観点の在り方を見ていく。

　IB創設時に誕生したDPには，IBの初代事務局長アレック・ピーターソンの教育理念（本書Topic 3参照）が反映されており，その代表的なものが「学習の方法（Approaches to Learning：ATL）」である。ピーターソンは，IBの10の学習者像（本書p. 30表3-2参照）を念頭に，自律的に学習に取り組んでいく人間の育成を実現すべく，学習者が学校教育で習得する知識を実生活・実社会との関わりの中で更新し続ける，社会構成主義に根差した教育カリキュラムの構築を目指した。

　IBのすべてのプログラムにおいて特筆すべき点は，ATLを通じて「学ぶためのスキル＝学習の基礎スキル」の習得が全教科・科目で取り組まれていることである。そして，このような学びのスキルの獲得が，例えばATTの「探究」「概念理解」「協働」といった指導アプローチと密接に関わり合いながら実現しているのである。

　なお，IB型指導案の評価の観点では，IBのATLを意識した記述を提案している。ATLが目指すスキルは表5-3にあるとおり「思考スキル」「リサーチスキル」「コミュニケーションスキル」「社会性スキル」「自己管理スキル」

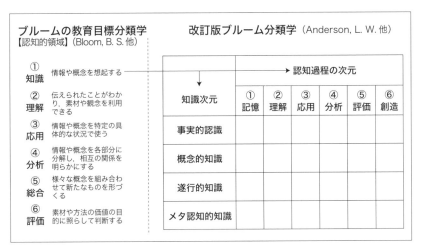

図 5-1　ブルームのタキソノミー（梶田, 2010; 国立教育政策研究所, 2013 をもとに作成）

の 5 つである。ATL が掲げる 5 つのスキルは，IB の各プログラムの垣根を越え，また，個別的な教科，グループで培うべきスキルを超えたものとして扱われているという意味で，実生活・実社会にもつながる普遍性を備えたものである。よって日本の教育の文脈においても，転移可能な見方・考え方の具体化を図ったり，資質・能力の三つの柱の内実を検討したりする上で示唆に富むものである。

　ただし，ATL の 5 つのスキルは，学習指導要領（平成 29・30 年告示）の資質・能力の三つの柱とは区分けの仕方が異なるため，単純な比較はできないが，これら 5 つのスキルに付随する概念は参考になる。例えば，思考スキルの場合なら，批判的思考（クリティカルシンキング），創造的思考，振り返りなどが例示されており，「思考力，判断力，表現力等」のうちの「思考力」とのつながりを確認できる。なお，IB プログラムでは，思考スキルの内容として，ブルーム（Bloom, B. S.）のタキソノミー（図 5-1）が参照されている。学習指導要領（平成 29・30 年告示）で資質・能力の三つの柱の一つとして掲げられる「思考力，判断力，表現力等」だが，そもそも 2007 年の学校教育法改正で「第 4 章　小学校」の第 30 条第 2 項に「基礎的な知識及び技能

を習得させるとともに，これらを活用して課題を解決するために必要な思考力，判断力，表現力その他の能力をはぐくみ，主体的に学習に取り組む態度を養うこと」と追加記載されたことから提唱されるようになった経緯がある。こうした教育行政上の経緯で立ち現れた「学力の三要素」の概念であるが，これが今回の学習指導要領（平成29・30年告示）で「知識及び技能」「思考力，判断力，表現力等」「学びに向かう力，人間性等」という「資質・能力の三つの柱」として再整理された。とりわけ「思考力，判断力，表現力等」と「学びに向かう力，人間性等」の2つは定義が曖昧な上，包含する意味内容が多岐にわたるため，授業者にとってはイメージしづらい。「思考力，判断力，表現力等」そして「学びに向かう力，人間性等」という概念を，現場でどのように育み，見取っていくのか。IBが掲げるATLの諸スキルと，一対一対応で当てはめることはできないが，その内実をより具体的に把握し，授業設計に取り入れていく上で一つの参考になるだろう。

　そこで，本書における評価の観点では，資質・能力の三つの柱を踏まえた評価の観点（「知識・技能」「思考・判断・表現」「主体的に学習に取り組む態度」）とATLを関連づけ，授業内で学習者に身につけさせたいスキルを明確にすることを目指した（表5-4）。

　なお，ATLの参照にあたっては，まず，5つのスキルが互いに密接につながり相互関係の位置にあることに留意すべきである。資質・能力の三つの柱を踏まえた評価の観点とは一対一で対応していないため，その具体化の際には，ATLの複数のカテゴリーから，いくつかのスキルを見いだし，組み合わせるなどするとよい。

　次に，実際に資質・能力の三つの柱を踏まえた評価の観点を言語化する際には，例えば表5-4【主体的に学習に取り組む態度】内の「伝える」「創造」，【知識・技能】内の「応用」，などのように，表5-4の中にもあるATLスキルの一覧で用いられているキーワードをいくつか選んで活用すると考えが整理されるだろう。

表 5-4　資質・能力の三つの柱を踏まえた評価の観点と IB の ATL との関連づけ（巻末資料：p. 133 より抜粋）

	【主体的に学習に取り組む態度】 ・自分の考えを整理し，根拠づけながら他者に伝えようと努めているか。 ・他者との対話を通じて，自身の新たな考えを創造しようとしているか。				
評価の観点	【知識・技能】 転移可能な見方・考え方：論証のモデルを他の文章でも応用できるか。 教科固有の見方・考え方：書き手の主張と根拠を関連づけられるか。		【思考・判断・表現】 転移可能な見方・考え方：異文化はどの程度評価できるのかという問題を考えられるか。 教科固有の見方・考え方：比較文化の問題点や限界はどのようなものか。		

この単元で重要視する ATL スキルは？

学習の方法（Approaches to Learning；ATL）

思考スキル	リサーチスキル	コミュニケーションスキル	社会性スキル	自己管理スキル
□ 記憶する □ 理解する ☑ 応用する □ 分析する ☑ 評価する □ 創造する	☑ 情報リテラシー ☑ メディアリテラシー □ 学問的誠実性	□ 話す・聞く □ 読む □ 書く ☑ 伝える □ 要約する □ ツールを活用する	□ 協働する □ 共感する □ 責任をもつ ☑ 意思を決定する □ リーダーシップを発揮する □ 主張する	□ 整理・整頓する □ 時間を管理する □ 感情をコントロールする □ 立ち直る ☑ 自己を動機づける □ 計画する

【形成的評価と総括的評価】
形成的評価：水に対する東西の見方の違いを整理・分析しているか。
総括的評価：比較文化に関する最終レポートを，ルーブリックを念頭に書いているか。

※ 資質・能力の三つの柱を踏まえた評価の観点と，IB の 5 つの ATL スキルは一対一対応ではない。5 つの ATL スキルは，それぞれが独立しているわけではなく，相互に密接に関係している。この他にも，「振り返る力」「クリティカルシンキングスキル」「創造的思考スキル」「転移スキル」などにも考慮したい。

3　見方・考え方の育成：評価を行う必要性

　これまで評価とは，指導の延長線上にあり，どのような評価材料を用いて，どのくらいの評定をつけようか，といった意味合いで捉えられてきた。これは，我が国では学習指導要領に沿って実施される授業の達成度について，指導要録（「学籍に関する記録」及び「指導に関する記録」の 2 種類）におけ

る「指導に関する記録」と主に通知表（通知表の作成方法や書式は任意であり，法的な定めはない）において，5段階で評価を示してきたことに由来する（樋口，2020）。

とりわけ，高等学校段階では授業中の小テストや定期考査などが重視され，1点刻みのテスト結果や最終的な成績評価にばかり目が向きがちだった。すなわち，年間あるいは単元の目標がどの程度達成されているのか，といった目的は果たせていたが，生徒の日々の学習を改善・充実させるといった目的が十分に果たせていなかったと言える。では，こうした課題を改善した，より充実した評価活動・評価方法はどのようなものだろうか。そして学習指導要領（平成29・30年告示）の考えを踏まえた評価はどのように行えばよいのだろうか。

結論を先取りすれば，評価を行う上で重要なことは，①生徒が成長を実感できるようにすること，②生徒が達成できた点や改善を要する点を把握し，次の学習につながるようにすること，の2点であると考える。学習指導要領（平成29・30年告示）では，資質・能力の三つの柱に沿う形で評価の観点が変更された。資質・能力は知識量のみを指すわけではない。したがって，1点刻みのペーパー試験だけでは生徒の資質・能力は測定できない。資質・能力の評価にあたっては，生徒にパフォーマンス課題[1]を与え，その課題についてあらかじめ定められた評価指標であるルーブリックによって物事に対する見方や考え方を評価する手法が，近年，様々な場面で提唱されている。

加えて，評価にあたっては，生徒が自分の成長を実感できるようにするため，生徒自身が学習活動を通して達成できた点や改善を要する点を把握し，次の学習につなげられるような指導上の工夫が必要である。学習活動中に行う評価は「形成的評価」と呼ばれ，こうした評価を単元の最後に行われる評価である「総括的評価」と合わせて意図的・計画的に指導計画に盛り込むことが大切になってくる。

1　レポートやプレゼンテーションといった課題を指し，身につけた知識や技能を用いて，何らかの実践や実演を求めるもの。

4　学習活動と評価の一体化：評価づけの方法

　一般的な指導案における単元の評価規準では，国立教育政策研究所が示す評価の規準・基準を参考にしながら，単元における観点別評価の内容を示してきた。このことで学習活動と評価のつながりを可視化することに貢献してきたと言えるが，両者が一体化できている，とまでは言えなかった。では，学習指導要領（平成 29・30 年度告示）に対応する評価活動・評価方法はどうあるべきなのだろうか。本節では，①形成的評価と総括的評価の違い，②ルーブリックによる評価の要素，③評価を学習活動の中に組み込む際の留意点，の 3 点について，IB における評価活動・評価方法に触れながら説明する。

❶ 形成的評価と総括的評価の違い

　IB 型指導案では，評価内容と評価活動を具体的に示すことを求めている。評価を実施することによって，教師は生徒が何を知っているのか，内容をどのように理解しているのか，何ができるようになったのか，といった点を確認することが重要である。同時に，生徒にとってどのような支援が必要になるのか，そのために今後の単元・本時の指導計画と内容をどのように改善し，充実させていけばよいのか，といった視点で指導案を練っていくことも重要である。

　前者のような生徒の学習の到達度を測る評価は「総括的評価」と呼ばれる。そして，後者のように生徒の学習プロセスを捉え，学習者にフィードバックを与えるような評価は「形成的評価」と呼ばれる。このように，評価方法は 2 つに大別される。そして，それぞれの特徴は表 5-5 のように整理される。

　表 5-5 はそれぞれの評価の特徴を表している。IB では，形成的評価をassessment for learning（学びのための評価）と位置づけ，総括的評価をassessment of learning（学びの結果としての評価）と位置づける。IB プログラムにおいては，形成的評価では，何かを測定することよりも，どのような学習を充実させるかに重きを置いている。そのため，教員は学習者と対話的

表 5-5　形成的評価と総括的評価の特徴（International Baccalaureate Organization, 2018 をもとに作成）

	形成的評価	総括的評価
目的・特徴	生徒の学習を支援するために行われるもので，成績づけを行うことを主目的としない。単元または1単位時間の要所で行われる評価である。	年間あるいは単元の学習の成果を測るために行われる。成績づけを行うことを主な目的とし，単元の終わり，あるいは年間の終わりに実施されることが多い。
内容	・生徒の学習の様子を観察し，その場でフィードバックすることも多い。 ・学習活動の様子を観察し，生徒が得意とする点や弱点について把握し，必要に応じて助言する。 ・教師による評価だけではなく，学習者同士による評価（ピアレビュー）も含まれる。	・学習者の知識・技能についてはペーパーテスト（定期考査など）で，パフォーマンスについてはルーブリックを用いて行われることが多い。 ・定期考査，レポート（振り返り課題など），スピーチ，プレゼンテーションなどを実施することにより，学習成果を測る。

表 5-6　形成的評価と総括的評価の記述例（巻末資料：p. 133 より抜粋）

□分析する ☑評価する □創造する	□学問的誠実性	☑伝える □要約する □ツールを活用する	☑意思を決定する □リーダーシップを発揮する □主張する	□ロールする □立ち直る ☑自己を動機づける □計画する

【形成的評価と総括的評価】
形成的評価：水に対する東西の見方の違いを整理・分析しているか。
総括的評価：比較文化に関する最終レポートを，ルーブリックを念頭に書いているか。

な関係である必要がある。

　加えて，IBプログラムにおける総括的評価では，生徒の多面的で多角的な見方・考え方を測定するため，多様な評価材料を用いることを奨励している。とりわけ，生徒の高次思考力を測定することが大切であるとし，評価材料の例としてエッセイ，ポートフォリオ，論説文，口頭試問，実験ノート，プロジェクトレポートなどを挙げている（International Baccalaureate Organization, 2018）。

　なお，本書におけるIB型指導案では，形成的評価と総括的評価の内容について記述することが提案されている（表5-6）。例えば表5-6では，形成的評価として，学習者が水に対する東西の見方の違いを整理・分析しているかど

うかを評価することとしている。これは，学習の過程において，教員が学習者の様子を観察し，適宜フィードバックを行うことを意味している。ただし，成績づけを目的とはしていない。

　総括的評価としては，学習者が事前に示されたルーブリックに基づき（ルーブリックの基本的な考えは次項を参照），最終レポートを書いているかどうかを評価することとしている。これは，学びの結果として，レポートに学習者の見方・考え方がどの程度反映されているのか，その程度を教員がルーブリックを用いて評価することを目的としている。作成にあたっては，表5-5におけるそれぞれの評価の目的・特徴及び内容を参考にしながら，生徒の学習をどのように方向づけていくのか，といった視点で作成することが望ましい。

❷ ルーブリックによる評価：考え方と作成方法

　IB型指導案で重視している点の一つが，ルーブリックによる評価である。ルーブリックとは，ある課題について達成してもらいたい事項を示した評価ツールである。例えば，プレゼンテーションを生徒に課すとすれば，授業内で学んだことがどの程度プレゼンテーションで表現されているか，根拠となる資料などはどの程度明確に提示されているか，といった事項についてルーブリック内で明示する。これにより，生徒は到達すべき学習目標が明確になる。さらに，ルーブリックでは，できた・できなかったといった視点ではなく，どの程度達成できたのか，どのように学習を改善し充実させればよいのか，といった点が強調される特徴をもつ。したがって，ルーブリックは学習指導要領（平成29・30年告示）で目指す資質・能力を測るツールの一つとして有効であると考えられる。

　では，ルーブリックの構成要素とは何か。どのようなツールがルーブリックの要件を満たすのだろうか。ルーブリックに関する研究で代表的な，ダネルとアントニアが示したルーブリックの4つの構成要素（Dannelle & Antonia, 2013／2014）を参考にしながら説明する（表5-7）。

　表5-7では，ルーブリックの構成要素として，①課題，②評価の尺度，③評価の観点，④評価の規準が示されている。

表5-7　ルーブリックの構成要素（Dannelle & Antonia, 2013 ／ 2014, pp. 4–9 をもとに作成）

構成要素	内　容	留意点
①課題	どのような課題を評価するのかを示す。課題とは，例えばレポートやプレゼンテーション，スピーチといったものであるが，課題とルーブリックは一体として提示される。	ルーブリックは課題を与える際と同じタイミングあるいはそれよりも前に生徒に提示したい。
②評価の尺度	学習者の達成レベルや成績評価点のこと。例えば，A（十分達成できている），B（概ね達成できている），C（努力を要する）といった形で表す。記号や数字で表記されることもある。	・ルーブリックの表の上段で示されることが一般的である。 ・尺度で使用する表現は肯定的なものが望ましい。
③評価の観点	課題で求める技能・能力等を観点ごとに配置し，どのような視点で評価するのかを記述する。例えば，「知識・技能」「プレゼンテーションスキル」といった言葉を示してもよいし，「どの程度，適切な語句を使用できているか」「どの程度，聞き手の視覚に訴える補助資料を提示しているか」といった文で示してもよい。	・観点ごとに評価の重みづけに差をつけることもある。 ・生徒が観点ごとに強みと弱みを把握できるようにすることが大切である。
④評価の規準	評価の観点ごとに示す指針のこと。例えば，評価の尺度でA（十分達成できている）とした場合の指針を示す。例えば，「聞き手の視覚に訴える補助資料の選択は適切であり，十分な量が示されている」といった内容を示す。	・観点ごとに，採点の指針を示すことが大切である。 ・できた／できなかったといった二元論的な記述ではなく，どの程度達成されたのか，といった視点に基づいて作成することが大切である。

　①の「課題」とは，どの課題を評価するのかを示すものである。②の「評価の尺度」とは，学習者の到達度や評価点を指す。A，B，Cといった記号や数字で表記されることが多い。③の「評価の観点」とは，学習者の課題を，評価者がどのような観点から評価するのかを示すものである。例えば，語学の授業で言えば，適切な語をプレゼンテーションの場面でどの程度使用しているのか，補助資料の提示の仕方が適切かどうか，といった観点である。④の「評価の規準」とは，評価の観点ごとに示す指針を指し，それぞれの評価の尺度（一般的に記号や数字で示される）の具体的な到達規準を示したものである。

　一般的にルーブリックは，課題を与えるタイミングかそれよりも前に学習者に提示されるものである。その主な理由は，学習者が見通しをもって学習

表 5-8　4 つの構成要素を踏まえたルーブリックの作成例

▶ 課題：プレゼンテーション

| | | 評価の尺度と規準 | | |
		A（十分達成できている）	B（概ね達成できている）	C（努力を要する）
評価の観点	観点①：文脈に沿った語句・文を適切に使用しているか。	・タスクに沿った語句・文を適切に用いている。 ・意味が十分に伝わる文になっている。	・タスクに沿った語句・文を概ね適切に用いている。 ・意味が概ね通じる文になっている。	・語句・文がタスクに沿っていない。 ・文の意味が通じない箇所が大半を占める。
	観点②：場面や状況に合わせて，意見や考えに一貫性をもたせて話せているか。	・意見や考えを理由とともに述べている。 ・文の構成に一貫性がある。	・意見を述べている。 ・文の構成にある程度の一貫性がある。	・意見や考えを述べていない。 ・文の構成に一貫性がない。
	観点③：聞き手を意識しながら話しているか。	・アイコンタクトを頻繁にとっている。 ・声が明瞭である。	・アイコンタクトを時々とっている。 ・声は聞き取れるものの，時々聞き取れないことがある。	・アイコンタクトをほとんどとっていない。 ・声が小さく，ほとんど聞き取れない。

に取り組めるようにするためである。

　なお，表 5-7 で整理した内容は，基本的には教科・科目の特性にかかわらず，構成要素は共通している。そのため，本書における IB 型指導案でも教科・科目共通のフォーマットとして示されている。なお，表 5-7 の 4 つの構成要素をもとにルーブリックを作成すると，表 5-8 のようになる。

　表 5-8 を見ると，ダネルとアントニアが示した 4 つの構成要素（Dannelle & Antonia, 2013／2014）が落とし込まれていることがわかる。表の左上には構成要素の①「課題」がプレゼンテーションであることが示されている。そして表頭には，構成要素の②「評価の尺度」が，A（十分達成できている），B（概ね達成できている），C（努力を要する）の 3 段階で示されている。表側には，構成要素の③「評価の観点」が 3 つ示されている。そして，表中では，評価の観点ごとに指針が示され，それぞれの評価の尺度（A，B，C）の具体的な到達規準を示している。

　このように，総括的評価の場面では，ルーブリックを使用することで，学習の到達目標を可視化できる。そして，学習者がどの程度，学びの目的が達

成できているのか，その程度を測定することができる。

　IB型指導案作成時には，学習指導要領（平成29・30年告示）における資質・能力の三つの柱を踏まえた評価の観点「知識・技能」「思考・判断・表現」「主体的に学習に取り組む態度」について，教科・科目特性を踏まえて作成したい。

❸ 評価を行う上での留意点：IBプログラムからの示唆

　ここまで形成的評価と総括的評価，そしてルーブリックの基本的な考え方と作成方法を説明してきた。では，教科・科目の授業において，評価と学習活動をどのように関連づければよいのだろうか。

　IBプログラムで実施される各授業では，ペアまたはグループで話し合いながら，一つの成果物についてルーブリックに基づき採点する活動が行われることがある。例えば教員は，作成済のパフォーマンス課題に対する成果物を提示し，「ルーブリックを使いながら，グループで採点してみましょう。ただし，グループ内で意見が異なる場合でも，最終的にはグループの意見として一つにまとめてください」といった指示をする。成果物はクラスメートの誰かのものを匿名で扱ったり，あるいは教師が教材として作成したものだったりと色々である。このようにペアやグループにより一つの答えを導出する学習を通して対話的で深い学びが促進される。また，生徒たちは，パフォーマンス課題について，どのような観点がどのくらいのレベルで求められているのか，といった情報を把握・理解することにつながる。

　他にも，クラスメートが作成した課題について，ピア（仲間）による評価を行うこともある。こういった学習活動はピアレビューと呼ばれる。ルーブリックを用いて根拠を示しながら相手の課題に対して得点づけを行ったり，コメントをし合ったりといった活動を行うことが多い。

　このように，ルーブリックを普段の学習活動の中に取り入れ，形成的評価の一環として一人ひとりがフィードバックを与えたり受けたりする工夫が大切である。形成的評価は教師によるフィードバックに限らず，ピアレビューによって補完されることも一般的である。むしろ，ピアによる目があるから

こそ，学習への動機づけにつながり，生徒自身が学習の質を高く保とうとする意識につながり，適度な緊張感の中で相互に学び合おうとする授業が実現できる。

5 まとめ

　本章では，IB教育で採用されているATTやATLといった考え方を参考にしながら，どのような点を改善すべきなのかを提案してきた。まず，第1節では指導観の改善・充実について，IBの「指導の方法（ATT）」の6つのアプローチを参考にしながら，単元目標（資質・能力の三つの柱を踏まえて整理）に即した，カリキュラム全体に通底する指導観の記述が必要になる点を指摘した。

　次に第2節では，「学習の方法（ATL）」の5つのスキルを例に，「知識・技能」「思考・判断・表現」「主体的に学習に取り組む態度」それぞれにおける教科固有の見方・考え方と転移可能な見方・考え方の設定の仕方について確認した。

　そして第3節では，見方・考え方を育成する評価の設定にあたり，評価を行う目的を整理し，生徒が成長を実感できるようにすることと，生徒が次の学習につなげられるように支援することの2点が大切であることを指摘した。

　また第4節では，学習活動と評価の一体化のための評価づけの方法を検討した。形成的評価と総括的評価の特徴を整理し，前者は学びを充実させるための評価であり，後者は学びの結果として成績づけに重点を置いた評価であることを説明した。そして多面的・多角的な見方の評価にあたっては，ルーブリックを用いた評価が有効な方法の一つであることを提案した。

　指導観の設定と評価の設定にあたっては，以上を踏まえた上で，どのようにすれば指導の充実が図られるのか，そして指導によって学習者の主体的な学びにどの程度結実していくのかを検討することが大切である。

🔆 Topic 6　日本の「個別最適な学び」とIBの「ディファレンシエーション（個別最適化）」

　学習指導要領（平成 29・30 年告示）を着実に進めるため，2021 年 1 月に中央教育審議会より「『令和の日本型学校教育』の構築を目指して―全ての子供たちの可能性を引き出す，個別最適な学びと，協働的な学びの実現―（答申）」（中央教育審議会, 2021）が出された。本答申では，「個別最適な学び」と「協働的な学び」を両立させるための教育課程や教育方法の工夫が主要な論点として取り上げられる。本トピックでは，答申が提示する「個別最適な学び」とは何か，そして，類似する概念としてIBで用いられる「ディファレンシエーション（差異化）」について紹介する。なお，本テキストでは，IBのディファレンシエーション（differentiation）の訳として一般的に用いられる「差異化」を用いず，「個別最適化」の訳を当てた。

　先の答申では，「個別最適な学び」を，教員が「子供一人一人の特性や学習進度，学習到達度等に応じ，指導方法・教材や学習時間等の柔軟な提供・設定を行う」（中央教育審議会, 2021, p. 17）という①「指導の個別化」の視点と，教員が「子供一人一人に応じた学習活動や学習課題に取り組む機会を提供することで，子供自身が学習が最適となるよう調整する」（p. 17）とする②「学習の個性化」の視点の双方から説明する。この個に応じた指導を学習者視点から整理した概念が「個別最適な学び」である（p. 18）。

　一方，「ディファレンシエーション（個別最適化）」とは，教員が個々の学習者に応じた目標をともに設定し，それを達成するために最も適した方法を見いだすプロセスである。個別最適化の考え方は，IBが掲げる指導の 6 つのアプローチ（ATT；本書第 5 章参照）にも含まれ，IBのカリキュラムを通底する指導アプローチとして重要な意義をもつ。IBは，この概念をキャロル・アン・トムリンソン（Tomlinson, C. A.）の個別化教授法（differentiated instruction）を参照し用いている。さらに，International Baccalaureate Organization（2010）は，個別最適化された学習を促進するために 4 つの原則を提起している（次のページの表を参照）。

　日本の「個別最適な学び」とIBの「ディファレンシエーション（個別最適化）」は，教員が学習者一人ひとりの指導と学習について深く検討するという点で類似点が見られる。個別最適な学びを達成するための一案として，表で示すように，教員は，学習者がもつバックグラウンド，既得知識を理解し，教員と学習者が適切な個

別具体的な学習目標を設定し，追究し，達成するための学習機会の提供する視点も参考となるのではないだろうか。

表　個別最適化（differentiation）された指導と全人的な発達をサポートするための 4 つの原則（International Baccalaureate Organization, 2010, pp. 5–7）

原　則	内　容
アイデンティティを肯定する（自尊心を育む）	・学習者を歓迎し，受け入れる環境を整える。 ・（自身に対して）現実的でありながらも高い期待をもつように学習者を促す。 ・文化的視点の多様性の価値を重んじるとともにそれを活用する。 ・保護者と連携し協力する。 ・学習における生徒の好みと関心を理解する。 ・生徒の長所を見つけて，それに基づいて指導を行う。
すでにもっている知識を尊重する	・他の言語で学習したものも含めて，すでに身につけている知識を特定して，これまでの学習経験を活性化する。 ・生徒の言語的背景及び学習の背景を書き出す。 ・既存の知識の上に新しい知識を築き上げる。
スキャフォールディング（足場づくり）で学習を促す	・図によって知識の習得，体系化，構築を促すグラフィックオーガナイザー（記述のための雛型，Mind Maps® など）や，視覚教材，劇，デモンストレーションなどを利用して新たな学習をサポートする。 ・協働学習グループや生徒同士のサポートを奨励する。 ・適切な場合には，最も得意な言語を用いて，学習のスキャフォールディングを行う。
学習を広げる	・生徒に対する高い期待と，学習者を主体とした授業や優れた教材，及び豊かな経験と環境に触れる機会とを結びつける。 ・科学技術及び支援技術を使用して学習を豊かにし，すべての学習者が確実に同じ機会をもてるようにする。

単元の指導計画と本時の展開における活動の取り扱い

本章の目的は，第2章で触れた一般的な指導案の3つの課題のうち，3つ目の課題である単元の指導計画と本時の展開における課題への対応を提案することである。具体的には，単元で身につけさせたい最終的な結果から遡った指導案をどのようにデザインすればよいのか，発問・問いを中心とした指導計画をどのように立てればよいのか，といった疑問への対応である。そこで，本章では，これらに対応した指導案の作成に向けて，IBで採用されている教育理論を参考とし，具体的な設定方法を提案する。

1 逆向き設計論を踏まえた指導案の形

本節では，単元の指導計画と本時の展開を作成するにあたり，逆向き設計論の考えを踏まえた指導案の形を提案する。

❶ 逆向き設計論に基づく指導案：概念型学習に着目して

第3章第3節では，「逆向き設計論」における設計の第1段階では授業で求められている目標の設定を行い，第2段階では目標が達成できているかどうかを確かめる評価方法を設定することとしている点について触れた。そして，第3段階では，目標と評価に対応する学習活動・内容と指導方法の計画を示すこととしていることも説明した。実は「逆向き設計論」では，第1段階の目標の設定段階で，学習の鍵となる問いを設定することが重要視されている（McTighe & Wiggins, 2013）。

そして，この逆向き設計論に基づくカリキュラム設計の中心要素となる教

育理論が，第3章第3節で紹介したエリクソンの概念型学習である。概念型学習とは，表層的な知識の理解や技能の習得にとどまらず，概念の領域にまで迫っていく学習を指す（詳細はTopic 5を参照）。例えば，文学を学んでいるとしたら，「そもそも文学とはどういうものなのか？」といったような根源的な問いによって，物事の本質や普遍性を見極めようとする学習のことである。こうした概念理解は，物事の原理を一般化することにつながるため，他の教科・科目，あるいは実生活・実社会の他の場面でも転移可能なものとなるとされている（Erickson, Lanning, & French, 2017／2020）。すなわち，こうした概念型学習は，学習指導要領（平成29・30年告示）で触れられている実生活・実社会とのつながりを意識した学習の展開の実現につながると言える。

　一般的な指導案では，教科・科目内で網羅すべき学習内容が重視されてきた。一方，筆者らが提案するIB型指導案は教科・科目の知識・技能に加え，概念理解を形成することも重視している。そのために，目標⇒発問・問い⇒評価の内容と方法⇒学習活動といった逆向き設計論の立場をとっており，単元の指導計画と本時の展開では，逆向き設計により，こうした本質・普遍を見極めようとする資質・能力を育てることを試みている。

　なお，概念理解の深さは1点刻みのテストでは測ることができない。発問・問いによって構成された授業によって，生徒がどのようなパフォーマンスを発揮するのかをルーブリックによって測ることが適切である。したがって，単元の学習計画には適切なタイミングでパフォーマンス課題を設定することが求められる。

> 概念型理解を深めるカリキュラム設計は，目標の設定（どのような概念理解を促すのか）から始め，そのための発問・問い，想定される回答⇒評価の内容と方法⇒学習活動といった流れに沿って，それぞれがつながっていることを可視化することが大切である。

❷ 単元の指導計画と本時の展開の各項目をつなげる

　では，概念型学習の考えを踏まえた上で，単元の指導計画と本時の展開を
逆向きに設計するとは，具体的にはどのようなことなのだろうか。そして，指
導案を作成する際には，どのような内容を組み入れればよいのだろうか。

　表6-1は，Erickson, Lanning, & French（2017／2020）をもとに作成した，
概念型学習の考えを踏まえた逆向き設計の単元の指導計画と本時の展開の在
り方である。表では上から順に①学習目標の設定，②発問・問い＆想定回答
の設定，③評価方法，そして④学習活動と示されている。こうした順番は，

表6-1　単元の指導計画と本時の展開の示し方（Erickson et al., 2017／2020をもとに作成）

項　目	示し方	留意点
①学習目標の設定	・生徒がどのような知識を身につけるのか，どのような理解を深めるのか，どのような技能を身につけるのか，といった知識・技能について提示する。 ・どのような概念理解を深めるのか，実生活・実社会とのつながりをどのように意識させるのかを提示する。それらを，思考力，判断力，表現力等，学びに向かう力，人間性等に落とし込む。	学習目標の数は多くなりすぎないよう，絞り込む。
②発問・問い＆想定回答の設定	・3つの問い（事実に関する問い，概念的な問い，議論を喚起する問い）を意識した発問・問いを提示する。 ・本質的な問いから逆向きに3つの発問・問いが想起されるように意識し，単元の指導計画全体にわたって，横断的に3つの発問・問いが組み込まれるようにする。	・想定される回答は一つではなく，複数用意しておくことが望ましい。 ・発問・問いの難易度を一気に上げないよう，生徒の理解度に応じてスモールステップで進めていく。
③評価方法	・生徒の学びを深めるためにどのような評価方法を用いるのか，目標と発問・問いによって決定する。 ・評価方法として，形成的評価を用いるのか（生徒へのフィードバックを目的とするのか），総括的評価を用いるのか（成績づけを目的とするのか）を明示する。	授業で用いるルーブリックは単元ごとに設計するのではなく，変化を生徒に体感してもらうためにも，年間を通して使用できるものを活用することが望ましい。
④学習活動	・単元の核をなす目標，各時間における目標にたどり着けるような学習活動を設定する。 ・発問・問いが有効に機能するような学習活動を設定する。その際，教科特有の知識を深められるか，他の教科・科目や実生活・実社会の場面で学習の成果が転移できるかどうか，といった視点で設計する。 ・主体的・対話的で深い学びが実現できるよう，協働・共同学習を促す学習活動を提供する。	学習活動がスモールステップで行われるよう，生徒の興味・関心に合わせて展開できるよう留意する。

表6-2　逆向き設計に基づく単元の指導計画例（巻末資料：p. 137 より抜粋）

時間	各時間における		評価の内容と方法	学習活動
	目標	発問・問い		
1	・本文を通読し全体のテーマ及び論理展開を確認する。 ・書き手の主張に対して自分の意見をもつ。	【主発問】 ・書き手が挙げる根拠はどの程度客観性があるか。 ・書き手の水の鑑賞法にどの程度共感できるか。	・知識・技能：本文の語句を正しく用いているか。 ・思考・判断・表現：鑑賞法の違いを理解できたか。	・情報と知識，主張と根拠を三角ロジックなどを活用して識別する。 ・初発の意見文を200字でまとめる。
2	・自文化を理解することの問題点や限界を考える。	【主発問】 ・私たちは自国の文化をどの程度継承しているのか。またそれはどうやって実現されるのか。	・知識・技能：本文の主張を正しく理解しているか。 ・思考・判断・表現：主張を批判的に捉えているか。	・日本における水の鑑賞法の今日性について，前回の意見文をもとに話し合う。

　ウィギンズとマクタイが説明する逆向き設計の三段階（目標の設定〔学習の鍵となる問いの設定〕⇒評価方法の設定⇒学習活動・内容及び指導方法の計画：McTighe & Wiggins, 2013）と符合させている。

　まず，項目1では，生徒がどのような知識を身につけたり，理解を深めたりするのかを示すこととしている。そして，どのような概念理解を深めるのかを示すこととしている。項目2では，事実に関する問い，概念的な問い，議論を喚起する問いを用意することを示している。項目3では，どのような評価方法を用意するのかを示すこととしている。そして，項目4では，項目1で示した学習目標の設定に呼応するような学習活動と，発問・問いにより学習活動が駆動するような案を示すこととしている。

　表6-1の考えを踏まえて作成した単元の指導計画が表6-2，そして木時の展開が表6-3である。

　表6-2及び表6-3を見ると，表頭には，目標，発問・問い，評価の内容と方法，そして学習活動といった項目が左から順番に並んでおり，表6-1で示した4つの項目と符合していることが確認できる。そして，表の左から右にかけて視線を移動すると，最終的な目標から学習活動までが逆向きに配列さ

表6-3　逆向き設計に基づく本時の展開例（巻末資料：p. 139 より抜粋）

時間	各時間における		評価の 内容と方法	学習活動 及び留意点
	目標	発問・問い＆想定回答		
10分	・授業の連続性を確認する。 ・個々の考える問題意識や疑問点を思い出す。	・水の東西はどのような問題を提起するか。 ⇒文化理解の可能性 ・文化の比較はどこまで可能か。 ⇒そもそも文化は独立したものか？相互影響は？	・発言内容により形成的評価を行う（助言を与える）。	【導入】 ・はじめに教材の主題を確認した上で，そこから喚起される，教材を越えた様々な問題を共有する。
35分	・「オリジナル」という概念について調べる（インスパイア・リスペクト・パロディ・オマージュなどとの比較）。	・日本文化はどの程度独自性をもつか。 ⇒中国文化の影響 ・あるものを「オリジナル」と認めるための条件とは何か。 ・クラスメートはど	・情報収集に関する評価を行う。 ・ルーブリックによるパフォーマンス評価を行う。 ・協働に関する評価を行う。	【展開】 ・概念理解に関わる情報収集を行った上で，意見文を作成していく。 ・作成後は意見文の概要の発表と共有を行う。

れていることが確認できる。そして，それぞれの項目が分断されることなく，授業で行われようとしてる内容が一連の流れとして可視化できていることがわかる。

　ところで，表6-2及び表6-3を見ると，IB型指導案に基づく授業は，項目の2番目に示されている発問・問いによって駆動されていると捉えることができる。では，どのようにして効果的な発問・問いを設定すればよいのだろうか。

2　問いに根差した学習活動の編成

　問いに根差した学習活動の編成は，IB型指導案における単元の指導計画と本時の展開の大きな柱である。主体的・対話的で深い学びは，問いを中心と

して構成されるものであり，問いへの応答を通して深い学びにつながっていく。そして，こうした問いは，表層的な問いではなく，物事の本質に迫るような問いであることが理想である。そのために，IB型指導案の単元の指導計画と本時の展開では，問いの設定を具体的に示すような改善・充実が図られている。

　では，なぜ問いが重要なのだろうか。問いによって生徒はどのような資質・能力を身につけられるのだろうか。本節では，まず問いの性質について整理する。次に，ウィギンズとマクタイの問いづくりの考え方（McTighe & Wiggins, 2013）を説明する。

❶「問い」とは何か：質問と発問との違い

　「問い」とは，それを切り口に様々な思考を巡らせ，頭の中で何かを判断し，最終的に実行する・しないなどを決めるものである，と考えることができる。すなわち，問いを立てることは，思考し，判断し，表現（あるいは実行）することに直結すると言える。

　ところで問いを投げかけることにより，生徒にどのような影響を与えるのだろうか。問いの効果は様々であるが，安斎・塩瀬（2020）はその効果について3つを挙げている。1つ目は，私たちが当たり前に感じていること（これまでに形成されてきた認識）を見つめ直したり，考え直したりすることを可能にしてくれる効果である。2つ目は，これまでに考えもつかなった新たな視点に気づかせてくれたり，私たちの思考を刺激してくれたりする効果である。3つ目は，問いが集団に共有されることにより，対話的なコミュニケーションが誘発される効果である。その結果，新たな議論や関係性が構築されることにより，「主体的・対話的で深い学び」の実現につながってくる，と説明されている（安斎・塩瀬, 2020）。

　授業においては，問う側は教師であり，問われる側は生徒であることが多いが，これまでの一般的な授業では，問いが単元の核をなすことは珍しかった。どちらかというと，教師による説明を中心としながら，要所に発問が取り入れられ，生徒たちはわからないことがあれば質問する，といった形式の

表 6-4　質問・発問・問いの関係性 (安斎・塩瀬, 2020, p. 43)

	問う側	問われる側	機　能
質　問	答えを知らない	答えを知っている	情報を引き出すトリガー
発　問	答えを知っている	答えを知らない	考えさせるためのトリガー
問　い	答えを知らない	答えを知らない	創造的対話を促すトリガー

表 6-5　発問の種類 (Been, 1975 をもとに作成)

タイプ	性　質	例
事実発問	情報を読み取らせる発問	エマはどこに住んでいますか。
推論発問	情報や背景知識から推測させる発問	エマの家はお金持ちだと思いますか。
評価発問	考えや態度を表明させる発問	困っている人にお金を寄付することはよい方法だと思いますか。

　授業が展開されてきた。そして，一般的な指導案では，どのような内容を網羅するのか，内容を理解させるためにどのような学習活動を行うかに焦点が当てられ，授業の核をなす問いは何か，といったことが示されることはほとんどなかった。そこで IB 型指導案の単元・本時の指導計画では，問いにより授業が駆動するよう設定し，生徒間の対話が誘発される仕掛けづくりを行った (表 6-3 を参照)。表 6-3 の「発問・問い＆想定回答」を見ると，どのような問いで授業を駆動させようとしているのかが確認できる。

　ところで「問い」は質問や発問とは性質が異なるもので，区別がなされる，という考え方がある (安斎・塩瀬, 2020 など)。安斎と塩瀬は，問い，質問，発問の 3 つについて，その性質を表 6-4 のとおり整理した (安斎・塩瀬, 2020)。表 6-4 から，問いは創造的対話を促し，質問は情報を引き出し，発問は考えさせる機能をもっていることが確認できる。

　ところで，「発問」とは日本の教育現場で用いられる独特の表現であるとされ，教師による一方的な説明による授業からの脱却，という意味合いで，戦後から用いられるようになった表現であるとされる (花屋, 2020)。ビーンによれば発問は 3 つに大別されるとした (Been, 1975；表 6-5)。その 3 つとは，事実発問・推論発問・評価発問である。なお，3 つ目の「評価発問」は考えや態度を表明させるために行われるもので，マクタイとウィギンズが提唱す

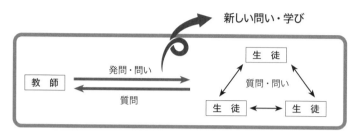

図6-1　授業における質問・発問・問いの関係性

る本質的な問い（McTighe & Wiggins, 2013）の，物事の本質に迫るといった目的と共通性があると言える。

　そして推論発問や評価発問の性質は，「問い」の性質と境界線が曖昧であるとも言える。しかし，「問い」と決定的に異なるのが，あくまでも発問は事実を確認したり，推論させたり，評価させたりすることが目的であり，物事の根源に迫るような本質的な問いかけを行うことは，必ずしも目指されていない，という点である。

　問いを中心とした授業とは，すなわち，誰もが答えを知らない内容について，教師が授業という手段を通して学習を進行させ，生徒同士の対話を深めていく一連の教育方法であると言える。IB型指導案は，こうした問いによって，問題の本質はどこにあるのかを捉え，実生活・実社会で活用できる資質・能力の育成を試みるものである。

　一方，「問い」だけでは授業は成立しづらい。例えば，書かれている，あるいは話された内容についての理解度を確認するためには「事実発問」を行う必要がある。また，文学作品を読む際には，その作品が書かれた時代背景や社会状況を推察させたりするために「推論発問」がなされることもある。このように教師は，生徒の理解度などを観察しつつ，発問を意図的に活用しながら授業を進めていく。

　なお，授業における質問・発問・問いの関係は，図6-1のように整理される。図6-1は，教師が発した発問・問いによって生徒間の学びが駆動し，その結果として，新たな問いが生まれ，学びが正のスパイラルで深まっていく

様子を表している。

では，生徒の学びの深まりにつながる問いとはどのようなものだろうか。

単元の核は「問い」によって構成される。そして，1単位時間の授業は，「発問」及び「問い」によって進行される。

---

❷ 問い立てをどのように行うのか

IB型指導案の単元の指導計画と本時の展開では，核となる問いをベースに授業が進行していくスタイルを採用する。では，授業で生徒の思考を深めるような問いとはどのような問いなのか。そして，主体的・対話的で深い学びの実現につながる問いは，どのように立てればよいのだろうか。

IB教育の特徴は，「教育内容は従来の教科学習に典型的に見られた学問領域に沿った静的で整然とした体系ではなく，『問い』により導かれ，調査や実験を通して動的に展開し，問いへの答えで終わる編集方法が取られている」（渡邉，2014, p. 43）点にある。そして，IBで用いられる問いはウィギンズとマクタイが提案する本質的な問い（物事のそもそも・根源に迫れるような問い；McTighe & Wiggins, 2013）が授業での中心的な役割を果たしている。

では，本質的な問いとそうではないものはどのように異なるのだろうか。以下に本質的な問いと，そうではないものを示す。どれが本質的な問いか，考えてみたい。

①人工知能（AI）の発達は，これからの暮らしにどのような変化をもたらすのか。

②教科書4ページ目3行目の単語は，日本語でどのような意味か。

③スピーチを行う際に，網羅すべきポイントは何か。授業で学んだことを思い出してまとめましょう。

④芸術と落書きは，どの程度明確に区別できるのだろうか。

①から④までを本質的な問い（○）か否（×）かで整理すると次のように

なる。

①（○）様々な知識が要求されることに加え，物事を多面的・多角的に捉えながら理由とともに意見・考えを述べる必要がある本質的な問いである。

②（×）知っているかどうかを確認する発問であり，本質な問いとは言えない。

③（×）答えを予想したり（事前学習の場合），習った内容を整理したり（事後学習の場合）する場合に用いられるものの，知識の確認を行うための発問であり，本質的な問いとは言えない。

④（○）オープン・エンドな問いであり，様々な視点から考えを巡らせることができる本質的な問いである。

　①から④までのうち，①と④が本質的な問いであり，残りがそうではないものである。本質的な問いは様々な知識・経験を総動員しながら思考を深められる可能性があることがわかる。加えて，クラスメート同士の議論を促すなど，対話をもつことが不可欠であることがわかる。一方，そうではないものは，記憶していることや理解していることを確認するために行われる。したがって，学習指導要領（平成29・30年告示）における主体的・対話的で深い学びの実現のためには，単元の中核をなす問いは，こうした本質的な問いを設定することがポイントとなることがわかる。

> 単元の指導計画と本時の展開は，「本質的な問い」により生徒の学びが駆動する工夫が必要である。

❸ 問いを投げかける際の学習活動上の留意点

　ここまで問いを中心とした授業の重要性を見てきた。一方，問いを中心とした授業の実施には教師側の指導技術が必要となる。では，どのような技術

表6-6　問いを中心とした授業における学習の指導技術（McTighe & Wiggins, 2013, pp. 52–57 をもとに作成）

指導技術	詳　細
①生徒の応答を待つ	問いを投げかけた後の，生徒が考えている時間を大切にし，回答を急かさない。
②Think-Pair-Share（シンク・ペア・シェア）を取り入れる	個人で考え（think），ペアで考えを共有し（pair），その後クラス全体に発表することで共有を図る（share），という段階を経ながら問いに迫る。
③順不同に指名する	手を挙げている（あるいはいつも発言している）生徒だけに発言を求めるのではなく，ランダムに指名していく。
④問いについて，生徒がどのような意見・考えをもっているかを把握する	手を挙げさせたり（例：賛成か反対か），ペア・グループで会話している様子を観察したりすることで，生徒たちの意見・考えを把握する。
⑤想定回答を複数用意する	本質的な問いの答えは多様なので，教師も多様な想定回答を検討する。
⑥より深いところまで迫るような問いかけをする	「なぜですか？」「根拠はありますか？」といったような問いかけを行い，生徒が物事を多面的・多角的に捉えられるようにする。
⑦意見・考え方が異なる人たちの立場に思いを巡らせるような問いかけをする	「他の人だったら，どのような意見をもつと思いますか？」といった問いかけを行い，異なる意見・考えをもつ人たちの立場に思いを巡らせるようにする。

が必要となってくるのだろうか。マクタイとウィギンズは表6-6の7点について留意することが大切であると説明している。

①は，黙っている時間が，生徒が思考を整理したり，論理的に物事を説明したりするための時間となるからである。待つことによって，回答に深みが出ることに加え，熟考された上での質の高い応答が期待できる。

②では，Think-Pair-Share を通して，協働・協同学習（Topic 2）が促進され，主体的・対話的で深い学びが促進される。加えて，3つの段階を経ることで，問いへの応答に対する抵抗感を和らげることができる。特に高等学校の授業では，積極的に発言することを恥ずかしがったり，答えに自信がなく，声が小さくなったり，といった現象が見られがちである。こうしたステップを踏むことで，積極的に授業に参加する態度を涵養させたい。

③は，ランダムに指名を行うことで，誰もが問いに答える必要がある，という場づくりを行うことにつながる。こうすることで，生徒は授業に集中し，主体的に問いに向き合うことができる。

　④は，生徒の意見・考えを把握することである。問いを投げっぱなしにするのではなく，一人ひとりがどのようなことを考えているのかを把握する。最近ではLMS（Learning Management System；学習管理システム）が高等学校などでも取り入れられており，LMS上の掲示板やチャットに投稿させたり，筆記課題を投稿させたりすることで確認ができる。

　⑤は，生徒が回答する内容について，複数の想定をしておくことである。IB型指導案の単元の指導計画と本時の展開（表6-2及び表6-3）では，想定回答を記入する欄がある。少なくとも2つ，できれば3つの想定回答を用意して，授業を深みのあるものにしたい。

　⑥は，生徒の思考を掘り下げるための質問である。「それはどのような意味ですか？」「具体例を挙げてもらえますか？」といった問いかけである。こうした問いかけにより，生徒の多面的で多角的な視野，いわゆるクリティカルシンキングが育成できる。

　⑦は，多様な信念や価値観をもつ人たちと協働する力を育成する視点とも言える。「本当にそれが正しいと思いますか？」「私はあなたの意見とは違うので，説得してください」といった問いかけである。もちろん，こうした問いかけは，生徒との信頼関係を築いた上で実施可能なものであり，生徒には事前にわざとそのような問いを投げかけている，ということを理解してもらう必要がある。

問いの投げかけには学習指導の技術が不可欠である。その技術とは，応答を待てる力，協働・協同学習を行わせる力，公平に発言の機会をもたせる力，生徒の意見・考えを把握する力，予想される回答を複数考える力，思考を掘り下げる問いかけをする力，立場が異なる人たちの意見・考えに思いを巡らせる指導ができる力，の7点である。

3　まとめ

　本章では，①単元で身につけさせたい最終的な結果から遡った指導案の設計方法，②発問・問いを中心とした単元の指導計画と本時の展開の組み立て方，の2つの課題を検討してきた。1つ目の課題への対応として，ウィギンズとマクタイの逆向き設計論（McTighe & Wiggins, 2013）の考えに基づき，4つの項目を単元の指導計画と本時の展開に盛り込むことを提案した。4つの項目とはすなわち，①学習目標の設定（生徒がどのような知識を身につけたり，理解を深めたりするのかを示すため），②発問・問い，想定回答の設定（概念理解を深めるための問いとして何を設定するのかを示すため），③評価方法の設定（どのような評価方法を用意するのかを示すため），そして，④学習活動の設定（学習目標の設定に呼応するような学習活動と，発問・問いにより学習活動が駆動するような案を示すため）であった。

　2つ目の課題への対応として，質問，発問，問いのそれぞれの違いを私たち教員が認識した上で，学習者間の学びを駆動するような問いかけを単元の指導計画と本時の展開に入れ込むことを提案した。問いの設定にあたっては，本質的な問いとそうではないものの違いを区別した上で，本質的な問いが授業進行上の中心となることが大切である点を強調した。その際の留意点として，ウィギンズとマクタイが示す7つの指導技術，すなわち①生徒の応答を待つこと，②Think-Pair-Shareを取り入れること，③順不同に指名すること，④問いについて生徒がどのような意見や考えをもっているのかを把握すること，⑤想定回答を複数用意すること，⑥より深いところにまで迫る問いかけをすること，そして⑦様々な立場に思いを巡らせるような問いかけをすること（McTighe & Wiggins, 2013）を意識することが大切であることを示した。

　単元の指導計画と本時の展開の作成にあたっては，以上を念頭に置き，どのようにすれば学習間の学びが深まっていくかを検討することが大切である。

Topic 7　学習者自身による問い立てと探究：TOKを参考に

　DPのコアであるTOKは，教師が投げかける問いへの応答という範疇にとどまらず，学習者が自ら問い立てを行い，探究を深める機会を提供する授業である。

　ダンとダンは，TOKにおける探究型学習の特徴を以下の4点に集約した（Dang & Dang, 2020）。

　①多面的・多角的な視点をもって学習者が問い立てをすることで探究を深める。
　②テーマに基づき探究を深める。
　③教科の領域を横断的に捉えながら探究する。
　④探究型学習の成果を発表・記述し，ルーブリックにより評価がなされる。

　例えば，④の「探究型学習の成果を発表・記述」には，学習成果を表現することが求められ，TOK発表会（TOK exhibition）の実施とTOKエッセイの記述を行うことになっている。例えば，TOK発表会の概要は次のとおりである（表1）。

　なお，探究のきっかけとなる問いをIAプロンプト（IA prompts）と呼び，問いの一覧として35個用意されている。発表にあたっては，そのうちの一つを選択するよう求めている。IAプロンプトの例として，「知識と文化の関連性とは何か」や「私たちはどのようにして知識，信念，意見を区別できるのか」といった物事の概念理解に迫るような，本質的なものが示されている。

　そして，TOK発表会では，TOKの考え方が実生活・実社会においてどのように活用できるのか，といったことについて迫っているかどうかが0～10点で評価される。評価の観点は主に次の4つである（Dang & Dang, 2020）。

　・3つの実物（objects）の提示の仕方は適切か。
　・3つの実物（objects）とIAプロンプトに示された問いに関連性はあるか。
　・理由づけや説得性はあるか。
　・根拠や引用の示し方は適切か。

TOKのエッセンスを取り入れた探究型授業の進め方

表1　TOK発表会の概要（Dang & Dang, 2020をもとに作成）

目的	実生活・実社会において，どのようにTOKの考え方が生かせるかを探究する
内容	・授業で取り扱ったテーマに沿って，個別に発表内容を考える。なお，この発表会では，グループによる発表会は行わない。 ・発表で用いる語数は，英語の場合は最大950語。 ・発表会の実施にあたり，IAプロンプトと呼ばれる探究のきっかけとなる問いを用いて探究を行う。 ・発表の際には実物（objects；写真や映像，モノ。ただしイメージ写真のような人為的につくられたものはNG）を3つ用いる。

表2　探究の学習過程の例

科目：社会科目，英語科目など

内容：
・持続可能な開発目標（SDGs）の概要を知る。
・17のSDGsのうち，食糧・飢餓，ジェンダーといった2つのテーマを取り上げ，関連の素材（ニュースなど）の内容について理解を深める。
・8〜10程度のプロンプト（探究のきっかけとなる問い）を示し，問いを中心として探究した成果を発表する。

（※発表までに要する時間は全部で5単位時間を想定）

学習過程（指導法）	教員による指示
1　多面的・多角的な視点で問い立てをするよう指導する 学習者が課題を多面的・多角的に捉えられるよう，様々な視点から問いに迫るよう指導する。	・食糧・飢餓，ジェンダーに関連した素材について，ニュース放送や新聞記事を提示する。 ・「食糧問題の解決によって私たちは本当に幸せになるのか」「性差が私たちの行動にどのように影響するのか」といった本質的な問いを投げかけ，多面的・多角的な視野を深めるきっかけをつくる。
2　テーマに基づいて探究を深める 世の中の情報や他者の主張の妥当性について，多面的・多角的に検証する。	・食糧・飢餓，ジェンダーについてのこれまでの見方・考え方と比べ，1での学びを受けた後にそれらがどのように変化したか・していないか，一定字（語）数で記述する。 ・その後，クラスメートが書いた内容をお互いに読み合い，コメントをつける。
3　教科の領域を横断的に捉えながらの探究 様々な領域・分野の視点を横断的に捉え，それらを比較したり，対照したり，評価したりといった協働・協同学習活動を行う。	・プロンプトの中から一つ選び，3分程度のプレゼンテーションを行うよう指示する。なお，準備の時間として1週間程度を設け，様々な教科領域から考察するよう促す。 （問いの例） ・性差に対するステレオタイプは，どのように助長されていくのだろうか。 ・フードロスと政治的活動あるいは経済活動はどの程度密接なつながりがあると言えるのか。
4　学習の成果を発表・記述する 実生活・実社会において，どのように学んだ内容が生かせるかを探る。	・探究の成果を発表する。その際，実物（写真や映像，あるいは自分が大切にしているモノ）を提示しながら，自分の意見や考えを述べる。

　では，一般の科目でTOKの探究の枠組みを参考にした授業を行う場合，どのような授業展開が考えられるのか。それを示したものが表2である。

　なお，ここで留意したい点は，各教科・科目における探究の目的と，TOKにおける学習目的が異なる点である。TOKでは，探究すること自体を学習の主目的とし，探究の深め方や探究を実施するための学習過程を学んでいく中で見方・考え方を深めていく。一方，教科・科目における探究では，当該科目の知識・技能を身につけることを主目的とし，思考・判断・表現する過程の中で探究という学習方法が用いられる点にあることである。

第Ⅲ部
授業を改善する

第Ⅲ部では，「IBのエッセンスを取り入れた指導案」を用いて具体的な授業改善の方法を提案する。国語科，外国語科（英語），数学科それぞれ一つの単元を取り上げ，IB型指導案を活用した授業の考え方や教科・科目特性を踏まえた指導方法について解説する。

第7章では，国語科の指導案を示し，とりわけ問いを前提とした授業展開の在り方を提案する。第8章では，外国語科（英語）の指導案を紹介し，英語学習者のパフォーマンス力を高めるルーブリックとその活用方法について触れる。第9章では，数学科の指導案を提示し，ICTを用いて主体的に問題解決を促す授業設計について提案する。

第7章　国語科：問いを前提とした授業を展開する

1　指導案の考え方

　学習指導要領（平成29・30年告示）の考えに基づく授業改善に向けて，国語の授業ではどのような指導案が考えられるのかを，巻末資料の指導案を参照しながら提示する。本授業案は学習指導要領（平成29・30年告示）「現代の国語」における「目標（2）」に対応している。

　　論理的に考える力や深く共感したり豊かに想像したりする力を伸ばし，他者との関わりの中で伝え合う力を高め，自分の思いや考えを広げたり深めたりすることができるようにする。

　では指導案を作成する際，国語科の授業ではどのような点に考慮しながら作成していけばよいのだろうか。

2　指導上の留意点

　「現代の国語」も含め，新課程で特に強調されている点は次のとおりである。

国語科授業における 7 つのポイント

① 実社会との関わり　　　　⑤ 中学校書写との関連

② 読書活動の充実　　　　　⑥ 学習過程の明確化

③ 語彙指導の充実　　　　　⑦ 探究学習との関連

④ 情報の扱い方の重視

　このうち②～⑤は，読み書きをする上での基礎的なリテラシーに関わるものであり，今回の改訂だけの問題ではない。したがって，本節では①，⑥及び⑦の 3 つのポイントを中心に取り上げることとする。

❶ 実社会との関わり

　実社会との関わりについて，教育課程企画特別部会では「教育課程を通じて，子供たちが変化の激しい社会を生きるために必要な資質・能力とは何かを明確にし，教科等を学ぶ本質的な意義を大切にしつつ，教科等横断的な視点も持って育成を目指していくこと，社会とのつながりを重視しながら学校の特色づくりを図っていくこと，現実の社会との関わりの中で子供たち一人一人の豊かな学びを実現していくこと」（文部科学省，2015）と述べられており，今後は教員が各教科の学問領域や教科特性に応じた「見方・考え方」をもって授業にあたる一方，学習者がそうした「見方・考え方」を狭義の意味として捉えず，様々な社会事象と関連づけながら，生涯にわたって能動的に探究し続けることが求められている。

　また，新たな必修科目「現代の国語」については，目標（1）「実社会に必要な国語の知識や技能を身に付けるようにする」，内容（1）エ「実社会において理解したり表現したりするために必要な語句の量を増やす」とあるように，知識・技能と実社会との関わりが強調されている。さらに，教材となる文章についても，「現代の社会生活に必要とされる論理的な文章及び実用的な文章」との記述が見受けられる。

　確かに「実社会でそのまま活用できる知識」も重要だが，授業設計におい

て注意したいことは，「知識を実社会で活用できるようにする力」を目指すということである。個々の知識を別の事象で汎用できるものに昇華させるためには，問いと対話を通じて転移可能な新しい知識を創造する力を育んでいかなければならない。そのためには，学習者がどのような文章を読んでも「知識」と「事実」を読み分け，物事をクリティカルに考えられるよう，授業を設計していく必要がある。

❷ 学習過程の明確化

第Ⅱ部では「逆向き設計」を踏まえた学習プロセスの重要性を指摘してきた。国語科の授業においても「目標設定⇒評価⇒活動」のプロセスを通じて，学習者が自身の学習達成度を自覚しながら前進できるよう学習過程を進めていく必要がある。

特にIB型指導案では評価の3観点それぞれにおける振り返りの観点を示した。中でも巻末資料のIB型指導案における「思考・判断・表現」においては，

①国語科の授業において「与えられた問い（＝本質的な問い）」を念頭に置いて考えることができたか。
②授業で身につけた個々の具体的な知識を実社会につなげることができたか。
③「自分の問い」をもちながら授業を受けることができたか。

の3つの視点から作成している。

なお，上記②のように，学習経験を生きた知識として実社会に生かす，という視点はコルブの経験学習サイクル（Topic 4参照）の考え方を参考にしている。特に国語科では，これまでの背景知識と目の前の課題を結びつけ，新たな学びにつなげる必要があることから，この点について意識した指導案としたい。

以上をまとめると，振り返りができる力は本来，全教科・科目体制で育むべきものであるが，国語科においても言語に根差した「見方・考え方」を用

いて，認知・情意両面において振り返りの力を育めるよう企図しなければならないと考える。

❸ 探究学習との関連

2016年12月に文部科学大臣へと手交された中央教育審議会の答申（中央教育審議会, 2016）では，新たな資質・能力の育成を目指した「主体的・対話的で深い学び」の実現が述べられている。とりわけ「深い学び」については，「習得・活用・探究という学びの過程の中で，各教科等の特質に応じた『見方・考え方』を働かせながら，知識を相互に関連付けてより深く理解したり，情報を精査して考えを形成したり，問題を見いだして解決策を考えたり，思いや考えを基に創造したりすることに向かう」と規定しており，探究学習を通して「深い学び」が実現されるとしている。

探究については，「総合的な探究の時間」の目標（2）において「実社会や実生活の中から問いを見いだし，自分で課題を立て，情報を集め，整理・分析して，まとめ・表現することができるようにする」（文部科学省, 2019）と定義されており，

①課題の発見・設定：批判的思考・論理的思考など
②情報の収集：ICT・図書館等の活用など
③情報の整理・分析：メディアリテラシーなど
④まとめ・表現：アカデミックライティングなど

の4つのプロセスが示されているが，問題の発見（問い立て）と解決，新たな知の創造という視点は今後の国語科の授業を行う上で重要になってくる点である。

「学校の場において，子供たち一人一人の可能性を伸ばし，新しい時代に求められる資質・能力を確実に育成したり，そのために求められる学校の在り方を不断に探究する文化を形成したりする」（文部科学省, 2015）とあるように，社会に開かれた教育課程の中で，学校・地域が一体となって探究学習を

推進することの重要性についても言及されており，国語科の授業でもそうした要素が不可欠である。

　では，国語科の「古典探究」の「見方・考え方」と「総合的な探究の時間」の探究にはどのような違いがあるのだろうか。学習指導要領（平成 29・30年告示）においては「言語感覚」「我が国の言語文化の担い手としての自覚」「生涯にわたり国語を尊重してその能力の向上を図る態度」の 3 つが挙げられている。これらを念頭に置きながら，国語科にしかできない探究活動の在り方を模索すべきである。

3　授業改善に向けて

　前節では，学習指導要領（平成 29・30 年告示）に基づいた国語科の授業を行うにあたり，「実社会との関わり」「学習過程の明確化」「探究学習の充実」の 3 つについて留意すべき点を説明した。

　一方，このような 3 つの留意点から授業を改善し，充実させることは，国語科教員と生徒の両方にとって負担が大きいことが想像できる。特に実社会と連関し，探究学習の深化に欠かせない高次の「問い」の設定は，授業者にとっても，また学習者にとっても容易なことではない。

　そこで本節では，以上の 3 つのポイントを踏まえた国語科の探究学習の実現にあたり，以下に提案を示す。

国語科授業の充実や改善に向けた提案
- 学習者の思考を深める問い立て
- 学習者自ら問いを立てる
- 問いを前提とした授業の展開

　学習指導要領（平成 29・30 年告示）では，主体的・対話的で深い学びの実現が目指されており，国語科の授業においても，「言葉による見方・考え方

表7-1　生徒が問いを立てる探究型学習のアプローチ

STEP 1	実生活・実社会の状況を把握する。
STEP 2	多面的・多角的な視点で問い立てをするよう指導する。
STEP 3	題材について，どのような概念を当てはめるのかを決める。
STEP 4	自分で決めたテーマに基づいて探究を深める。
STEP 5	教科の領域を横断的に捉えながらの探究。

を働かせ，言語活動を通して，国語で的確に理解し効果的に表現する資質・能力」の育成が求められている。そこで，問いを中心とした授業の在り方について提案する。

　第6章の，問いを中心とした授業づくりに加えて，その応用編としてTopic 7ではTOKの枠組みを援用した授業づくりについて紹介した。巻末資料の指導案では，教師による問いかけのみならず，生徒自らが問い立てを行う授業編成を意識している。そこで，ここでは，TOKのエッセンスを参考にしつつ，生徒自らが問いを立てながら授業を進行するための留意点などについて説明したい。

　国語科において，そのような授業を進めていく際には，表7-1に示す流れで進めていくことも一つの方法である。

　表7-1の流れを国語科の授業の中で実践するとしたら，表7-2の①〜⑦のステップのようになる。

　表7-2の①〜⑦の問い立てのステップを踏まえて，山崎正和「水の東西」を教材とした問いの構築にかかる分析は表7-3のようになる。

表 7-2　TOK の学習アプローチを踏まえた国語科における授業ステップ

テキストの要約
テキストに出てくる語句や概念を調べ，内容を簡潔にまとめる。

実社会の状況の確認
テキストにおいて，どのような実社会の状況が挙げられているかを確認し，事実と主張をできるだけ区別する。

テキスト内の主張の抽出
②に対して，「誰が，どのような知識に関して，どんなことを主張しているのか」を本文から探す。

テキスト内の主張の分析
主張されている内容の特性（領域／範囲／見方／方法・ツール）などを確認する。

主張の概念化
主張の内容はどのように概念化することができるか。また，実社会にどのような影響をもつかを考える。

主張の普遍性を考える
主張はどこまで普遍性をもちうるかを考える。主張の根拠の自明性や妥当性に目を向ける。

本質的な問い
他領域にも重なる本質的な問いを立て，議論し，エッセーとしてまとめる。

表 7-3　問いの構築にかかる分析

 STEP 1　テキストの要約

 STEP 2　実社会の状況の確認
- ○「(鹿おどしには) かわいらしい竹のシーソーの一端に水受けがついていて，それに筧の水が少しずつたまる」(事実)
- ○「ヨーロッパでもアメリカでも，街の広場にはいたるところにみごとな噴水があった」(事実)
- ×「(鹿おどしの) この仕掛けはかえって流れてやまないものの存在を強調している」(知識に関する主張)

 STEP 3　テキスト内の主張の抽出
(例) 筆者は，「鹿おどしは，日本人が水を鑑賞する行為の極致だ」と主張している。

 STEP 4　テキスト内の主張の分析
- 知識の領域：社会科学 (比較文化)
- 範囲：西洋と日本
- 見方：筆者は流れる水を美しいと感じる知覚や，「流れるものを感じさせる」という自身の感想をもとに持論を展開している。
- 方法・ツール：筆者の論理展開「行雲流水」という仏教思想を取り上げながら，日本人の感性を論理的に推論している。

 STEP 5　主張の概念化
日本の「鹿おどし」と西洋の「噴水」を例にした文化の比較は，文化相対主義や自文化中心主義といった**思想やイデオロギー**の問題を考えるきっかけになる。一方で，本文が発表された 1977 年と，グローバル化が進んだ現代との違いを際立たせるのが本教材の特徴である。

山崎が例として取り上げる「鹿おどし」を前にした「日本人の感じ方」は，現代においてどの程度普遍的で妥当なものと言えるか。また，「日本人とは〜だ」という固定観念はどの程度自明で，それは歴史とともにどのように変化するのか。人間の固定観念の生成の背景には，時代性だけでなく地域固有の知識や宗教的な知識も関連していることにも注目すべきであろう。

 STEP 6　主張の普遍性を考える
- 個人的な知識：「鹿おどし」の音を実際に聞いたことがあるかという情報は，個人的な知識になろう。
- 普遍的な知識：「行雲流水」といった概念や，日本や西洋の気候・風土に関する記述は，普遍的な知識である。
- 中間的な知識：「日本の噴水は西洋のものほど美しくない／表情に乏しい」という価値判断は，現代では賛否の分かれるところだろう。

 STEP 7　本質的な問い
- 特定の文化を独自のもの (オリジナルなもの) と認めるための条件はどのようなものか。
- 芸術を鑑賞するとき，論理的な思考力はどのような役割を果たすか，など。

※本表は山崎正和「水の東西」を教材とした場合の例である。

4　まとめ

　これまでの授業者による教材分析と，それに基づく発問を中心とした授業ではなく，授業者・学習者双方による主体的な教材分析と問い立てを主眼とした授業スタイルが IB の探究学習である。

　IB ディプロマ・プログラムにおいては，「日本語 A（文学）」という，第一言語としての日本語の科目が存在するが，扱える教材のリストが IB によって厳密に定められており，特に現代評論を素材とした分析はあまり想定されていない。しかし，検定教科書に所収の説明的文章であっても，ここまでに説明してきたような TOK の思考プロセスを踏めば，授業者も学習者も十分に探究学習に耐えうる問いを構築することが可能である。

　IB の一貫した教育理念をもとに学校が一体となって教育を推進する IB 校と違い，日本の非 IB 校は教育体制の面で様々な制約があり，教科横断や探究学習一つとっても解決すべき課題は多い。しかし，TOK などの探究学習の手法を取り入れた事例をデータベース化していければ，日本独自の探究学習の形ができるものと考えている。

　評価規準や方法についても，IB による既存の評価方法や，学習指導要領（平成 29・30 年告示）に根差した評価の観点を包括的に取り入れながら策定できよう。表 7-4 にその実例を示しているのでこちらも参考にしてほしい。

表 7-4　IB と学習指導要領の要素を取り入れた評価ルーブリック例（井上, 2018）

評価の観点			評価の規準					
			6	5	4	3	2	1
評価の観点	論理的表現	実社会の状況と知識の抽出	実社会の状況・知識を正しく区別しながら，適切に抽出できている。また，それに対する独創的な意見を述べている。	実社会の状況・知識を区別しながら，概ね適切に抽出できている。また，自分の意見をわかりやすく述べている。	実社会の状況・知識の区別はできているが，抽出に一部不備が見られる。自分の意見は述べている。	実社会の状況・知識の区別があやふやで，抽出にも不備が見られる。意見は述べている。	実社会の状況・知識の区別があやふやで，抽出に不備が見られる。意見もやや稚拙である。	実社会の状況・知識の区別がついておらず，抽出方法にも問題がある。また，意見も欠落している。
		知識の分析	知るための方法・知識の枠組みを用いながら，正しく知識を分析し，思考を深めている。	知るための方法・知識の枠組みを用いながら，知識を概ね正確に分析できている。	知るための方法・知識の枠組みを用いた分析に一部漏れがあるが，分析はできている。	知るための方法・知識の枠組みのいずれかを用いた分析に問題があり，妥当性の検証が弱い。	知るための方法・知識の枠組みを用いた分析に問題があり，妥当性の検証ができていない。	知るための方法・知識の枠組みを理解しておらず，分析が破綻している。
		根源的な問いの質	知識の分析を基盤に，各用語を適切に用いることで，別の実社会に通じる高次の問いを構築できている。	知識の分析を基盤に，各用語を適切に用いることで，概念的な問いを構築できている。	知識の分析を基盤に各用語を適切に用いているが，問いが教材の内容にとどまっている。	知るための方法や学問領域の用語をあまり用いず，問いも教材の内容にとどまっている。	知るための方法や学問領域の用語をあまり用いず，問いも閉じている。	知るための方法や学問領域の用語を一切用いず，問いが成立していない。
		全体構成	実社会から問いまでが論理的に組み立てられている。また記述の順番・段落と段落のつながりが明確で，わかりやすい構成になっている。	実社会から問いまでが論理的に組み立てられている。また記述の順番・段落と段落のつながりよく，わかりやすい構成になっている。	実社会から問いまでが論理的に組み立てられている。段落のつながりによくない部分があるものの，記述の順番が明確でわかりやすい構成になっている。	実社会から問いまでの概略をたどることができる。段落のつながりがよくない部分があるものの，論の展開は概ねよい。	論の展開や段落のつながりがよくない部分があるものの，実社会から問いまでの概略をたどることができる。	実社会から問いまでの概略をたどることができない。
	文章表現	表現ルール	指定されたフォーマットを使い，発表時間が守られている。		指定されたフォーマットを使い，発表時間も概ね守られている。		指定されたフォーマットに従わず，発表時間も守られていない。	
		本文の引用	本文の表現の引用がしっかりなされており，論の展開において適切に用いている。	本文の表現の引用に一部不備が見られるが，論の展開において概ね適切に用いている。		本文の引用が一部見受けられるが，要約が粗く，論の展開の補強にまで至っていない。		本文の引用が一切なされておらず，論の展開も稚拙である。
		文法語彙	文法上の誤りがほとんどない。発表にふさわしい文体・語彙・表現が使える。	文法上の誤りがややあるものの，発表にふさわしい文体・語彙・表現が使える。		文法上の誤りがあるものの，発表にふさわしい文体・語彙を使う努力が見られる。		文法上の誤りが多く，発表にふさわしい文体が使えていない。

外国語科（英語）：パフォーマンスを高めるルーブリックを検討する

1 指導案の考え方

　学習指導要領（平成29・30年告示）の考えに基づく授業改善に向けて，外国語（英語）の授業ではどのような指導案が考えられるのか。本書で提案する指導案の基本情報にある単元名（表8-1）は学習指導要領（平成29・30年告示）外国語「コミュニケーション英語Ⅲ」における「目標」の以下に対応している。

　（4）話すこと（発表）
　日常的な話題について，使用する語句や文，事前の準備などにおいて，支援をほとんど活用しなくても，多様な語句や文を目的や場面，状況などに応じて適切に用いて，情報や考え，気持ちなどを論理的に詳しく話して伝えることができるようにする。

　では，指導案を作成する際，英語の授業ではどのような点に考慮しながら作成していけばよいのだろうか。筆者は主に次の3点に集約されると考える。

表8-1　基本情報と単元名（巻末資料：p.141より抜粋）

基本情報	授業者名：国際花子　　科目名：英語コミュニケーションⅢ　　日時：2023.9.1 単元名：Giving a Persuasive Speech　　対象学年・クラス・人数：第3学年（40名）

外国語科（英語）の指導案作成上の 3 つのポイント
①様々なテキストジャンルを取り扱う。
　実生活・実社会の場面で英語を活用できるよう，スピーチや電子メール，パンフレットといった様々なテキストジャンルに触れる機会を提供する。
②英語を使用して思考を深めるため，分析したり，評価したりする問いかけを行う。
　例えば，To what extent do you agree with this statement? Explain why and provide reasons to support your opinion.　といった問いかけをすることで，発話を促す授業づくりを目指す。
③英語学習者のパフォーマンスをルーブリックにより評価する。
　「話すこと（発表・やりとり）」や「書くこと」に対する評価をルーブリックによって評価するようにする。

　以下に，上記の 3 つのポイントについて学習指導要領（平成 29・30 年告示）との関連を整理した上で，指導案にどのように反映させるのかを提案するとともに基本的な考え方を説明する。

❶ 様々なテキストジャンルへの対応

　学習指導要領（平成 29・30 年告示）の外国語「英語コミュニケーションⅠ・Ⅱ・Ⅲ」における言語活動及び言語の働きに関する事項の「読むこと」を見ると，テキストジャンルの例として，電子メールやパンフレット，新聞記事や広告を挙げている。様々な種類のテキストジャンルを取り扱おうとする傾向は，従前までの学習指導要領では見当たらない。

　学習指導要領（平成 29・30 年告示）のコンセプトは，知識を基盤としながらも，実生活・実社会で対応できる資質・能力の育成を図ることである。こうしたコンセプトは，英語の授業においては，様々なテキストジャンルへの対応，という形で呼応している。これまでの検定教科書は，解説文や物語文を中心とした構成であったが，これからはテキストジャンルをベースとした構成が求められてくる。したがって，実生活・実社会で使用されている様々

表 8-2　到達目標の例（巻末資料：p. 141 より抜粋）

到達目標	学習指導要領上での科目目標／年間指導計画上での目標： 論理性に配慮しながら，聞き手を説得できるスピーチを英語で行えるようにする。 建学の理念／自治体／学年／個人の理想の学習者像： 豊かな人間性をもった「地球市民の育成」の実現のため，物事を多面的・多角的に捉え，自分の意見や考えを英語で論理的に表現する力の育成を目指す。

なテキストジャンルを取り扱う指導が重要となる。こうした観点から，学習指導要領上での科目目標／年間指導計画上での目標として，スピーチ形式の英文を取り上げることとした（表 8-2）。

❷ 問いを中心とした授業

　学習指導要領（平成 29・30 年告示）では，主体的・対話的で深い学びの実現が全教科・科目で目指されている。英語の授業においては，学習指導要領（平成 29・30 年告示）の外国語編・英語編解説でこの実現のための方法が示されている。例えば，場面・状況に応じた言語活動の設計の重要性に触れ，生徒が聞くこと，読むこと，話すこと（発表・やりとり），書くことといった 4 技能 5 領域を統合しながら，双方向によるやりとりなどを行う場づくりが大切であると説明している。場づくりの実現には，英語による発問や問いを中心に授業が構成されることが求められる。

　では，英語の授業において，どのような問いかけが考えられるのか。例えば，「本時の指導計画」の各時間における「発問・問い」では，"When communicating with someone, what is more important to you —— relying on your emotions or thinking logically?" と問いかけることを示している（図 8-3）。

　what is more important to you と問いかけることで，答えが一つとは限らないことや，自分の意見・考えをクラスメートに表明することが求められていることがわかる。こうした問いは，英語で話すこと（やりとり）を促すことにつながる。

　加えて，本時の指導計画の「発問・問い」では，"According to the text,

表 8-3　本時の指導計画における発問・問いの例（巻末資料：p. 149 より抜粋）

時間	各時間における		評価の 内容と方法	学習活動 及び留意点
	目標	発問・問い＆想定回答		
10分	感情とは何か，感情が果たす役割とは何か，といった<u>概念を捉える</u>。	When communicating with someone, what is more important to you—relying on your emotions or thinking logically? ⇒ Thinking logically is rather important.	発言内容により形成的評価を行う（フィードバックを与える）。	【導入】 3〜4分程度で意見・考えをまとめて 3 人グループで共有する。
32分	• モデルとなるスピーチ原稿を読み，内容を把握しスピーチの特徴をつかむ。 • モデルとなるスピーチ原稿における感情表現の使用頻度や使われ方を分析する。	• According to the text, what is the main purpose of this speech? ⇒To tell audiences the importance of showing emotions. • What are the positive effects of expressing our	• 内容理解を促す質問及び<u>自分の意見・考えを問う高次思考レベルの質問</u>を投げかけ，内容理解の深まりを確かめる。 • 発言内容により形成的評価を行う（フィードバックを	【展開】 スピーチ原稿を一定時間で読み，理解度を深める質問に答える。その後，スピーチ中に含まれる感情表現にアンダーラインを引き，説得型スピーチにおける感情が果たす役割を考察する。

what is the main purpose of this speech?" と問いかけることを示している（表8-3）。

"According to the text" というフレーズを通して，テキストの内容をどの程度理解しているのかを確かめており，テキストを読みながら答えを見つけるリーディングスキルが要求されていることがわかる。こうした問いかけは，教材の内容から答えを読み取る発問であり，英文の内容理解を促す問いかけに分類される。このように，英語の授業では，答えが一つとは限らない「問い」と内容理解を促す発問を織り交ぜることで，4技能5領域の育成を試みている。

なお，従前の学習指導要領に基づく外国語科の授業では，事実発問（本書p. 81 表6-5参照）が中心に授業が展開されていた。例えば，従前の高等学校「コミュニケーション英語Ⅱ」の検定教科書2種類を分析した河野によれば，こうした問いかけは教科書全体の 84.7〜95.8％程度を占めていたという

（Kawano, 2016）。こうした要因が，英語学習者の多面的・多角的な思考が育ちにくい一因であったとも考えられるだろう。そこで，外国語科（英語）の授業では，事実発問を取り入れた授業展開を行いつつも，答えが一つとは限らない問いを投げかけることを基盤とした授業展開を行うことが大切であると考える。

さらに，高等学校の英語学習者の多くは，河野が指摘するように，これまでオープン・エンドな問いかけへの応答をほとんど経験してこなかった（Kawano, 2016）。従って，生徒の負担感や抵抗感を和らげたり，英語学習への動機づけの低下を防いだりするためにも，答えが一つとは限らない問いを少しずつ増やしていく，といった指導上の工夫も必要である。

❸ ルーブリックを用いたパフォーマンス評価

深い学びの実現には，オープン・エンドな問いについて探究し，英語で表現することが欠かせない。もっともらしい答えが複数考えられる以上，正解・不正解で判断ができるような測定方法以外の評価ツールが求められる。その一つとしてルーブリックの活用が有効な手段として挙げられることは，本書第5章でも指摘してきた。ルーブリックとは，学習者がどの程度の到達度に達しているのかを評価指標により提示し，学習者へフィードバックを行うことが目的の一つであることも触れた。中央教育審議会答申（平成28年12月）（中央教育審議会, 2016）では，高校生の英語で「話すこと」と「書くこと」に課題があることが指摘されており，こうした技能を向上させることが喫緊の課題であることに触れている。その実現のため，学習指導要領（平成29・30年告示）外国語編・英語編では，スピーチやプレゼンテーション，エッセイなどのパフォーマンス評価を行う重要性に触れている。

なお，英語の授業では，読むことや聞くことがどの程度達成できているかは，これまでどおりペーパーテストなどを通して得点をつけることで対応可能である。他方，外国語の授業でルーブリックを使う場面とは，主に「話すこと（発表・やりとり）」及び「書くこと」といった生徒のパフォーマンスを評価する場合である。こうした力は生産型技能（productive skills）と呼ばれ

ており，ルーブリックを活用することで適切に生徒にフィードバックを与え，生徒の英語技能向上につなげたい。

2　指導上の留意点

　第1節では，学習指導要領（平成29・30年告示）に基づいた英語授業を行うにあたり，①様々なテキストジャンルを取り扱うこと，②これまでの発問を中心とした指導から，問いを取り入れた指導へと転換すること，③話すこと・書くことといったパフォーマンスをルーブリックによって評価し，スキルの向上へとつながる指導へと改善し，充実させることが大切であることを説明した。

　一方，このように授業を改善し，充実させようとすることは，英語教師と生徒の両方にとって負担が大きいことが想像できる。そこで，指導案での留意点として，次の3点を提案したい。

英語科授業の充実や改善に向けた提案
- 実生活・実社会におけるオーセンティックなテキストを取り扱うこと。
- 英語による問いへの応答がしやすい学習環境づくりを行うこと。
- 英語によるパフォーマンス能力を高めるルーブリックを検討すること。

　学習指導要領（平成29・30年告示）では，主体的・対話的で深い学びの実現が目指されており，英語授業においても，言語習得を主たる目的としながらも，多面的・多角的な視点を深める学びの実現が求められている。そこで，本節では英語学習者の思考レベルを深める授業と言語習得の両方の実現ができるような指導への転換・充実・改善に向けた留意点を示す。

❶ 実生活・実社会で用いられるオーセンティックなテキストジャンルを取り扱う

　学習指導要領（平成29・30年告示）では，様々なテキストジャンルを取り扱うこととしているが，どのようなテキストジャンルを取り扱えばよいのだろうか。

　IB機構が発行する外国語科目の教科ガイド（International Baccalaureate Organization, 2018）では，DPの外国語科目で取り扱うテキストジャンルの例として，以下を提示している。

　①パーソナル・テキスト

　　ブログ記事，日記，親しい仲間同士でやりとりされる電子メール，手紙，チャットなど

　②プロフェッショナル・テキスト

　　フォーマルな電子メール，エッセイ，フォーマルな手紙，説明書など

　③マスメディア・テキスト

　　新聞・雑誌記事，パンフレット，ニュースレポート，ラジオ番組，映画，ポッドキャスト，レビュー，スピーチ，ウェブページなど

　このように，テキストの種類を3種類に大別し，実生活・実社会で幅広く用いられているテキストを取り扱おうと試みている。テキストには読むことを目的とするものだけではなく，音声や映像資料も含まれている。

　なお，パーソナル・テキストとは読み手の範囲が自分や家族，友人などに限定された素材を指す。プロフェッショナル・テキストとは，読み手の範囲が個人的な関係にとどまらない素材を指し，何かを告知したり，指示したり，説明したり，といった機能をもち，パーソナル・テキストよりも社会性を伴うテキストを指す。また，マスメディア・テキストとは，読み手の範囲がより広範囲に及ぶ素材を指し，何かしらの媒体を通して読み手側に情報が伝達されるテキストを指す。言葉の使われ方や文体は，読み手が誰であるかによって大きく異なる特徴をもつ。

このようにDPの外国語科目では，様々なテキストジャンルを取り扱いな
がら，聞くことや読むことの技能の向上を目指し，これらのテキストをベー
スとしながら話すこと（発表・やりとり）と書くことの技能の向上を図って
いる。学習導要領（平成29・30年告示）を踏まえた英語授業では，DPが示
すテキストジャンルを参考にし，実生活・実社会に関連する素材を選択した
い。

❷ 英語による「問い」への応答がしやすい学習環境づくり

取り扱うテキストジャンルを定めた後は，それをどのように学習活動とし
て展開していくのかが課題となる。学習指導要領（平成29・30年告示）に
基づく英語授業では，問い・発問を中心とした授業が展開され，かつ生徒の
思考を深めるための「問い」の割合を増やすことが期待される。

従来の英語授業でも，事実発問レベルの問いかけは行われてきた。例えば，
オーラルイントロダクション（あるいはオーラルインタラクション）により
教師の発問に応答したり，教科書の本文を読んだ後に章末の設問に答えたり，
といった学習活動である。応答にあたっては，ある程度の語・表現に関する
知識は要求されるものの，思考の深さはさほど求められなかった。一方，オー
プン・エンドな問いは事情が異なる。分析したり，評価したり，新たな意見・
考えを述べたりする，といった高次思考力を活用することが求められる。そ
のため，自分の意見・考えを相手に伝えるための幅広い語・表現に対する知
識が要求されることに加え，考えを整理したり，理由づけを行ったりする能
力も求められ，英語で表現することへのハードルも上がってくる。こうした
学習環境では，英語で話すことや，どのような発言でも受容されるような雰
囲気づくりが肝要である。受容的な雰囲気が乏しければ，英語で自信をもっ
て意見・考えを表出することができない。そして結果として言語習得に結び
つかなくなってしまう可能性がある。

高次思考力が要求される授業では，クラスの受容的な雰囲気が一層重要性
を増す，と主張したのがロヴァイである。ロヴァイはこうしたクラスの雰囲
気を「授業コミュニティ（classroom community）」と名づけた（Rovai, 2002）。

そしてチョとデマンズエップにより「授業コミュニティ尺度」としてまとめられ，以下の8項目が提案された（Cho & Demmans Epp, 2019）。

- 生徒・学生同士が授業中にお互いを思いやっていること。
- クラスメートとのつながりが感じられること。
- 質問がある際，周りの助けが得られること。
- 理解の程度をクラスメートと気軽に共有できること。
- 授業中，気軽に話すことができる，という実感を伴うこと。
- クラスメートから信頼されている実感を伴うこと。
- 学びの機会が十分に与えられている実感を伴うこと。
- クラスメートからのサポートを得られている実感を伴うこと。

このように，英語で発言しやすい環境づくりを指導者が意図的・計画的に組み入れることが重要である。

❸ 英語によるパフォーマンスを評価するルーブリックの作成

　書くことや話すこと（発表・やりとり）の評価にあたり，英語授業ではルーブリックをどのように活用すればよいのだろうか。

　本書第5章では，ルーブリックは年間を通じて同じものを使用すること，そして，その理由として，生徒が自分の変化を実感し，振り返りに活用できることを説明した。英語授業においても，生徒たちが話す力や書く力についてどのような変化があったのかを捉えることが大切であり，かつ，ルーブリックが生徒にとってわかりやすい言葉で記述される必要があることから，平易な英語表現が使用されることが好ましい。あるいは，生徒が慣れないうちは日本語訳を併記してもよいだろう。

　英語を話すことへの評価にあたっては，ネイティブのようなきれいな発音・イントネーションかどうかという視点ではなく，コミュニケーションの阻害要因になっていないかどうか，といった視点で評価することが大切である。また，ルーブリックでは，「意味が通じる英文かどうか」が評価対象となってい

るが，学習者の細かな語句・文，文法表現の正確さのみにとらわれることがないよう，コミュニケーションを阻害しない程度の英文になっているかどうか，という観点で評価することが大切である。

　表8-4は，日本語と英語が併記された，話すこと（発表）のルーブリックである。英語学習者にルーブリックを配布する際は，このように1枚の紙にコンパクトにまとまるようになっていることが望ましい。また，ルーブリックは英語授業のオリエンテーション時，すなわち授業のキックオフにあたる早いタイミングで生徒に行きわたることが望ましい。

　加えて，自己評価やピアレビュー用として活用し，形成的評価のツールとしても用いたい。

3　まとめ

　以上，様々なテキストジャンルを取り扱うこと，思考を深めるための問いかけを行うこと，学習者のパフォーマンスをルーブリックにより評価することの3点について触れた。そして，指導上の留意点として，オーセンティックなテキストジャンルを扱うこと，クラスの受容的な雰囲気づくりを行い英語で発言がしやすい工夫をすること，学習者の英語熟達度を考慮したルーブリックづくりが必要であることを説明した。高次の思考力が要求される問いかけへの応答には，豊かな語彙力と表現力の習得が不可欠である。そのために英語授業では，色々なジャンルのテキストを取り扱うことで聞く力・読む力を身につけさせたい。加えて，読み手や聞き手を意識した上で表現することを通して，話す力・書く力を身につけさせるなどし，4技能5領域の向上につながる指導案づくりを心がけたい。

表8-4　話すこと（発表）のルーブリック

評価の観点	評価の尺度と規準		
	A（十分達成できている）	B（概ね達成できている）	C（努力を要する）
Knowledge and skills **知識・技能** How well do you attend to sounds and use appropriate sentences? 発音やイントネーションを意識しながら、文脈に沿った語句・文を適切に使用しているか。 Sounds 音声	Your pronunciation and intonation are clear and it is easy to understand what you are saying. 発音やイントネーションが明確であり、何を話しているのかが聞き取りやすい。	Your pronunciation and intonation are sometimes influenced by your mother tongue, which sometimes leads misunderstandings on what you are saying. 発音やイントネーションが時々母語の影響を受け、何を話しているのかがはっきりしないときもある。	Your pronunciation and intonation are strongly influenced by your mother tongue, which often leads to misunderstandings on what you are saying. 発音やイントネーションが母語による影響を強く受け、何を話しているのかはっきりしない。
Language 語句・文	You use vocabulary and expressions appropriate to the topic. トピックに沿った語句・文を適切に用いている。 Your sentences are understandable. 意味が十分に通じる英文になっている。	You sometimes use vocabulary and expressions appropriate to the topic. トピックに沿った語句・文を概ね適切に用いている。 Your sentences are somewhat understandable. 意味が概ね通じる英文になっている。	You do not use vocabulary and expressions appropriate to the topic. 語句・表現がトピックに沿っていない。 Your sentences are difficult to understand. 英文の意味が通じない箇所が大半を占める。
Thinking, judgement, expression **思考・判断・表現** How well do you state your arguments and maintain coherency? 場面や状況に合わせて、意見や考えに一貫性をもたせて話せているか。 Message 意見・考え・首尾一貫性	You state your arguments. アーギュメントを述べている。 Your speaking is coherent. 英文構成に一貫性がある。	You state your opinions. 意見を述べている。 Your speaking is somewhat coherent. 英文構成にある程度の一貫性がある。	You do not state your arguments or opinions, and your speaking is incoherent. アーギュメントや意見を述べておらず、英文構成に一貫性がない。
Attitude **主体的に学習に取り組む態度** How is your presentation style? 聞き手を意識しながら話しているか。 Presentation プレゼンテーション	You often make eye contact with the audience. アイコンタクトを頻繁にとっている。 Your voice is clear. 声が明瞭である。	You sometimes make eye contact with the audience. アイコンタクトを時々とっている。 Your voice can be heard but is sometimes unclear. 声は聞き取れるものの、時々聞き取れないことがある。	You make little eye contact with the audience. アイコンタクトをほとんどとっていない。 The voice is soft and unclear most of the time. 声が小さく、ほとんど聞き取れない。

● Topic 8　英語による「問い」とその応答への抵抗感

　日本の英語学習者は，高次思考力に該当する問いへの応答，とりわけクリティカルシンキングが求められる場面に抵抗感をもつ傾向がある，とする研究がいくつかある。例えば，ステイプルトンは，日本の英語授業におけるクリティカルシンキング育成の難しさを文化的な背景から説明している（Stapleton, 2001）。ステイプルトンによると，日本の大学生英語学習者は一般的には自分の意見・考えを直接的に相手に伝えることに抵抗感をもち，相手との人間関係を重視する傾向があることを指摘し，英語授業の場面でも同様の傾向が見られる，と報告した。

　こうした抵抗感について，これまでの日本の英語授業における教育方法そのものにも課題があったとの指摘もなされている。例えば，孫工・江利川（2019）は，従前の学習指導要領に基づく高等学校外国語の検定教科書を複数冊分析し「英語表現I」の検定教科書では文法や語法の説明，事実確認や読解方略を問う設問の割合が81%を占め，クリティカルシンキングを促す学習活動が15%にとどまっていることを指摘した。孫工・江利川の研究からは，従前の高等学校学習指導要領上の英語科目では，多面的・多角的な見方・考え方を深める学習が十分に行われていないことが推察され，英語学習者は高次思考力レベルでの問いかけへの応答に慣れていないことが予想される。

　以上から，英語学習者が過度な負担感や抵抗感をもたないよう，英語教師はスモールステップで段階的に高次思考力レベルの問いの割合を増やしていく，といったスタイルをとることも推奨される。また，色々な意見・考えがあることに気づかせるために学習者の意見・考えを英語でライティングさせ，お互いにそれを披露し合って，肯定的なコメントを書き入れていく，といった自己肯定感を高める学習活動を行ってもよいだろう。

数学科：ICT活用と主体的問題解決を促す授業を設計する

第9章

1 指導案の考え方

しばしば「なぜ数学を学ぶのか」と問われることがある。また，実生活に数学を使った記憶はほとんどないという大人もいるだろう。このような数学を学ぶ理由に関する疑問に答えてくれるのが，学習指導要領（平成29・30年告示）である。ここでは，数学の3つの目標を述べており，まとめると次のようになる。

①数学の原理・法則を理解し，数学化・解釈・表現・処理をする技能を身につけるようにする。
②論理的に考察する力，関係から発展的に考察する力，簡潔に表現する力を養う。
③積極的に数学を活用し，問題解決の過程を振り返り，改善しようとする態度や創造性の基礎を養う。

さらにわかりやすく考えるために具体的な文脈で考えてみたい。まずは①について，キーワードは「理解と技能」である。これは数学を使って物事を表すテクニックを身につけて理解できるようになろうということで，例えば松ぼっくりの松かさの並びの本数はフィボナッチ数列と呼ばれる数列に関連があると言われていることから，自然界に数学が存在することがわかる。このような数列の性質を理解することで自然界を見る目が広がるだろう。次に，②について，キーワードは「考察と表現」であると考えられる。これは問題

を解く際に数学を使って物事を考察し結論を導けるようになろうということで，例えば与えられた二次関数の増減を図で捉え，頂点を求めることで最大値・最小値を求める活動は，利益の最大値を検討するなどビジネスの視点にも活用できることが考えられる。最後に③について，キーワードは「態度と創造性」である。これは，数学に前向きに取り組む情意的な側面と創造性を養おうということである。例えば，問題を解く力はあっても数学の価値をまったく感じていないようであれば，それは問題である。どのように数学が応用されているかについても興味をもたせながら計算を確認していくということが授業では求められるだろう。以上のことをまとめると次のように考えられる。

数学科３つの目標のキーワードと捉え方
①理解と技能
　　数学を使って物事を表す技能を身につけて理解できるようになる。
②考察と表現
　　問題を解く際に数学を使って物事を考察し結論を導けるようになる。
③態度と創造性
　　数学に前向きに取り組む情意的な側面と創造性を養う。

　数学科では，上記の３つの目標と対応するように各科目の目標が設定されているので，これらの視点を踏まえつつ，本節では授業実践と関連の深い数学Ⅰについて議論していくこととする。

　数学Ⅰにおいて「二次関数」は昭和35年施行の高等学校学習指導要領数学科編から継続して扱われており，高校生に共通して身につけさせたい内容と考えられる。しかしながら，高校生を対象にした調査によると，生徒は「二次関数」に対して苦手意識をもっており，「式とグラフを関連づけること」「問題解決にグラフを活用すること」「社会や日常生活と『二次関数』が関連していることがわかるような問題を扱うこと」などが重要であると言われている。また，教師は二次関数の指導の際に，関数ソフトやグラフ電卓などを

活用して説明しているが，生徒の活用が不十分になるなどの課題も挙げられ
ている。

　このように二次関数の単元では問題点が指摘され，授業改善が行われている。二次関数の単元で，生徒が主体的にグラフや図表を活用することを通して，批判的思考育成を目指した授業について，考え方と留意点を示す。

数学科の授業における 3 つのポイント
①日常と数学の世界が関連していることを実感させ，数学のよさを感じさせること。
②主体的にグラフや図表を活用させ，積極的に ICT を活用すること。
③生徒の知識・技能を活用するオープン・エンドな問いを行うこと。

　数学の指導において，学習指導要領（平成 29・30 年告示）解説では現実の世界と数学の世界の両方で事象を捉えることが必要であると指摘し，そのプロセスの中に数学化を位置づけている。

　本授業で目指す「批判的思考の育成」について，オーストラリアで発行されている IB の教材（Haese et al., 2016 参照）を活用した。この教材は，数学と現実の世界をつなぐことを重視しており，IB 教育の数学で広く利用されている。この教科書は，橋の設計，パラボラアンテナやダムの曲線に二次関数が応用されていることについて探究させ，また，二次関数の計算も，家具の売り上げや物理現象に対応させるなどして現実の世界の数学化を意識した流れで書かれている。巻末資料の指導案ではこの教材を利用して授業の設計を行った。

❶ 数学と日常とのつながり

　学習指導要領（平成 29・30 年告示）における数学 I の二次関数の項目には「二つの数量の関係に着目し，日常の事象や社会の事象などを数学的に捉え，問題を解決したり，解決の過程を振り返って事象の数学的な特徴や他の事象との関係を考察したりすること」（文部科学省，2019a, p. 92）と，現実

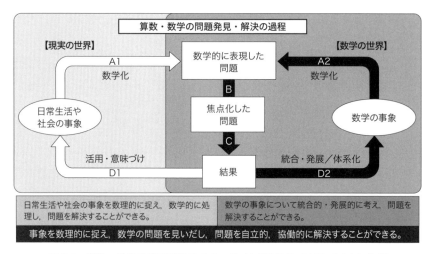

図 9-1　算数・数学の学習過程のイメージ（文部科学省，2019b をもとに作成）

の世界とのつながりについて記載されている。

　巻末資料の指導案で扱っているテキストには，21 題の現実世界の事象を扱った問題が掲載されている。テキストの中には「二次関数による問題解決」というセクションが用意され，図形における問題解決やバスに乗るときの計算といった現実の世界における数学化について多様な問題を扱っている。現実の世界に関連づけた問題についてはイラストが挿入されるなど，現実の世界をイメージすることをサポートしているものや，文章だけで状況を読み取るものなど，表現の方法も様々である。さらに，立式や解の吟味において現実の世界での数学化が求められる問題も見られる。このように，文脈の中での数学活用に特化した演習が多く用意されていることがこの教材の特徴と言え，現実の世界と数学の世界を状況に応じて照らし合わせる活動が，批判的思考をはじめとした思考スキルの育成につながると考えられる。

　このように，数学と実生活・実社会をつなげる活動について，図 9-1 のような学習過程を意識することが求められている。

発問と活動の例
日常生活にはどのような放物線が潜んでいるでしょう？
例を挙げて，特徴を説明しましょう。

❷ グラフ作成ソフトを活用した授業のアイデア

　学習指導要領（平成29・30年告示）ではICTの活用について，「二次関数の式とグラフとの関係について，コンピュータなどの情報機器を用いてグラフをかくなどして多面的に考察すること」（文部科学省, 2019a, p. 92）と記載されている。

　二次関数の授業では，物を投げたときの軌跡を数学化するのが代表的な方法の一つと考えられる。例えば，物を投げてその軌跡をスマートフォンアプリ（motion shot）で記録し，その写真をグラフ作成ソフト（geogebra）で放物線にフィットさせるという活動が考えられる。

　この授業を通して係数とグラフの位置関係の対応を学ぶなど，視覚的に係数と放物線を結びつける指導などが考えられる。実際の指導では二次関数の導入（第1時）として，写真の上で二次関数の係数を操作しながら二次関数との対応を考える活動が行われた（図9-2）。扱った二次関数の形式は様々で，頂点の位置が異なる二次関数について比較することで，係数と放物線の対応関係が浮かび上がるような展開も可能であると考えられる。

　使用するアプリケーションについてはスマートフォンやタブレットだけでも操作可能で，放物線の描写まで行うことができる。ICT環境についてはすべての学校で整っているわけではないが，この活動については様々な現場にも対応しやすい活動であると考えられる。

　教師がICTを活用することで視覚的に思考力を高める活動につながるが，それだけでなく，生徒自身のICT操作により判断力や表現力の育成にもつながると考えられる。

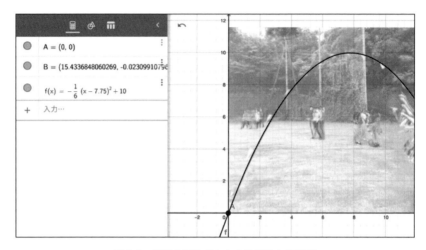

図 9-2　授業中に作成した二次関数と放物線

> 発問と活動の例
> 物を投げたときの軌跡はどのような式で表せるでしょう？
> グラフ作成ソフトを使って探究しましょう。

❸ オープン・エンドな問いを取り入れた授業実践

　本項では，どのように批判的思考を高めるのかについて，以下で本時の教材について検討し，その後に批判的思考の育成が行われるかどうかについて述べる。

①教材

　巻末資料の指導案では，オーストラリアのテキストを用い，章の最初の問題提起に使われる問題を扱っている。

　図 9-3 の問題は二次関数の始まりの問題に位置づけられている。関数の性質を使った演習を行い，高さを求めるという課題である。問題の最後には着地台とバイクの高さの関係を考え，安全に着地できるかどうかを検討する問題である。a 及び b については文脈の中で二次関数を活用し，最後の問いは

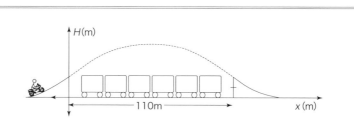

バイクスタントのマーヴィンは世界記録の 110 メートルのジャンプに挑戦している。彼が発射台から水平に x メートリ進んだとき，地面からの高さ H はメートルで与えられ，H と x の関係は以下のとおり表すことができる。
$H = -0.009x^2 + x + 6 \ (0 \leqq x \leqq 110)$

考えよう

a　これはどのような関数ですか？
b　 i)　発射台から離れたときは，バイクは地面からどのくらいの高さでしょうか？
　　 ii)　80 メートル水平に進んだときは，地面からどのくらいの高さでしょうか？
c　マーヴィンは安全に着地台に着くでしょうか？

図 9-3　授業実践で扱った問題（Haese et al., 2016）

オープン・エンドな問いになっており，様々な観点で安全かどうかについて分析することが可能である。今回の指導案ではこの問いを二次関数の授業の最後に位置づけ，これまでに学習した内容や考え方を踏まえて取り組むような流れで構成している。

②授業の流れ

　導入部分では a の問題に加え，最大の高さも調べるよう指示した。高さは $y = -0.009x^2 + x + 6$ の形式で与えられており，平方完成やグラフ電卓を使って頂点を求めることを想定している。計算しやすいような数値になっていないため，平方完成で求める生徒はほとんどおらず，多くの生徒がグラフ電卓を活用することが想定される。

　展開①では b の問題において，$x = 0$ や $x = 80$ を代入することで関数の性質の確認を行う。このことを通して，前時までの二次関数に関連する学習内容を把握する機会となるからである。

　展開②では c の問題において，バイクが安全に着地できるかどうかを考えさせる。「そもそもバイクジャンプは危険」や「図を見る限り着地できそう」

などの発言があるだろうが，「$x = 110$ を代入することで，数学的に着地台に到達する時の高さを求めることができる」ということに気づき，計算した結果「着地台より 1.1 メートル高い」ことがわかり，それが安全かどうかという議論に発展するように心がけたい。

2　指導上の留意点

学習指導要領（平成 29・30 年告示）では，「何のために学ぶのか」という学習の意義を共有することの必要性が示されている。算数・数学教育においても，数学を学ぶ意義自体を理解させる工夫が必要である。特に二次関数に関連する内容では，「教科書は ICT の活用を前提とせず構成・展開されており，世界の数学教育の動向から大きく遅れている」（日本学術会議, 2016）という問題が挙げられている。日本では，2022 年から実施される大学入学共通テストにおいても，電卓を活用した問題はなく，ICT の発展と数学教育の課題については，今後議論が必要である。

ここで海外の教育に目を向けると，イギリスやアメリカなどでは，大学入試に相当する資格試験で，グラフ電卓や関数電卓の利用が当然のこととなっている。また，今回授業で扱った DP の数学の最終試験についても外部試験（筆記試験）で電卓を使用することが可能であり，そのことを前提としたカリキュラムを構築している。さらに 2019 年には DP の数学においてカリキュラム改訂がなされ，より実生活・実社会とのつながりとグラフ電卓活用に重きを置いたカリキュラムが提案されている。

上記のように ICT 活用の課題が指摘される一方で，日本の学習指導要領改訂や高大接続改革の方向性については，国際的に見ても大きな改革であり素晴らしいという評価を OECD から受けているという側面もある（文部科学省, 2015）。

高大接続改革については，これまでのセンター試験では，問題解決の構想から結論に至るプロセスが文脈の中にすべて提示されているが，大学入学共通テストのモデル問題（図 9-4）では，何を変数として設定するか，またそ

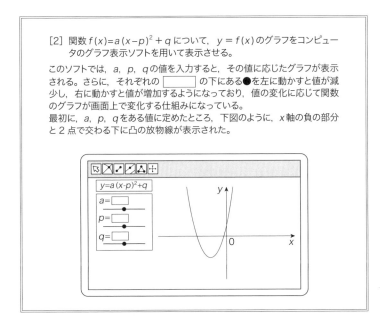

図 9-4 二次関数の大学入学共通テスト施行調査問題（大学入試センター, 2018）

れを用いてどのように関数として表現・処理していくかなど，受験者の主体的な思考力が必要となる。このように大学入学共通テストでは問題解決を主体的に行うような流れが想定されており，プロセスが示されているこれまでの流れとは異なることが読み取れる。今後は生徒が数学をどれだけ活用できるかを重視した授業設計が必要である。

　こうした議論を踏まえて，第1節の「考え方」で示した授業を実施する上での留意点として，次の2点を提案する。

数学科の授業の充実や改善に向けた提案

• 今後の ICT による数学の活用を見通し，ソフトウェアの活用を前提とした授業設計を心がける。
• 問題解決を主体的に行えるよう数学の各単元を横断的に取り扱う。

---

❶ グラフ作成ソフトを利用した問題の事例と特徴

　大学入学共通テスト平成30年度施行調査において図9-4のとおり，グラフ表示ソフトに関連づけられた問題が出題された。この問題では未知数の変化と解の個数や値の操作とグラフの移動を扱っている。この問題の特徴から①グラフ表示ソフトの授業での活用を促すこと，②批判的検討を行うこと，が求められていることが指摘できる。以下にそれぞれの特徴と想定される指導について述べる。

①グラフ表示ソフトの授業での活用を促すこと

　海外の試験での電卓活用について先で触れたが，日本では電卓などの機器が使えない代わりとして，グラフ作成ソフトの操作と問題を結びつけることで，授業での活用を促そうとしている。これまでセンター試験では式の操作や最大最小を求めることが重視されていたが，二次関数の係数の操作とグラフの関係を問題にしているということについては，学習指導要領（平成29・30年告示）における変更点の一つであると言える。

②批判的検討を行うこと

　「不等式$f(x) > 0$の解がない」が起こりうるのはa, p, qをどのように操作したときかという問いが，図9-4の問題の後に設定されている。考えられる解法として，まずは係数の操作によってどのようにグラフが変化するかを把握し，条件を満たすのはどのような係数の操作かを考え，その後，問題の前提に立ち返り「いずれか一つの操作」しか行えないことから「なし」という解に至るといった流れが想定される。実際の授業場面においても，計算や式変形などの処理によって済んでしまうものではなく，過程を振り返り価値判断をすることを促すような流れを取り入れるよう工夫したい。

　このように平成30年度施行調査問題からも，批判的検討の視点で大きな変更が見られ，これからの方向性としてグラフ計算機を授業で活用することへの期待を読み取ることができる。しかしながら，試験での電卓活用は限られ，マーク式のみで試験が実施されることから，大学入学共通テストについては，学習指導要領（平成29・30年告示）の意図を十分に反映させるのに課題がある。

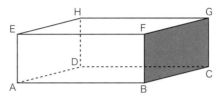

ハッピーストローカンパニーはストローの製造を行っている。
ストローは横 8cm，縦 4cm，高さ 3cm の四角の箱に詰められている。
以下の図にその情報を示す。

(a) 表面積を cm² の単位で計算せよ。
(b) AG の長さを求めよ。
　　毎週ハッピーストローカンパニーは x 箱を売る。x と P の関係は，
　　以下のように表される。
　　　$dP/dx = -2x + 220,\quad x \geqq 0$
　　（ただし P を週あたりの利益とし，x ×1000 箱を売ると考える）
(c) 利益を最大化するのに毎週いくつ売ればよいか。
　　20000 箱を売るときの利益は 1700 ドルとする。
(d) P (x) を求めよ。
(e) 毎週利益を出すのに最小の販売個数を求めよ。

図 9-5　国際バカロレア最終試験における二次関数の問題
（International Baccalaureate Organization, 2019）

❷ 海外のカリキュラムにおける二次関数の問題

　前項では，電卓を活用した授業の流れについて説明した。では，具体的に
どのような問題を扱い，どのように指導を行えばよいのか。本項では，DP の
数学科目を切り口に指導方法を概観し，その特徴からどのような授業が求め
られるかについて考察したい。
　図 9-5 は IB の最終試験モデル問題の二次関数に関する問いである。この問
題では (a)，(b) の 2 題で図形的な性質を扱い，(c) では積分を活用し，(d)
で関数の性質を用い，(e) で文脈における数学活用を行うという流れになっ
ている。この問題の特徴は，①数学の様々な単元が含まれていること，②扱
う数値の桁が大きく計算しやすい数にされていないこと，③文脈と二次関数
をつなげて考えさせていること，が挙げられる。

①数学の様々な単元が含まれている

　教科横断的な学びについては学習指導要領（平成 29・30 年告示）でも重視され，学習の基盤となる資質・能力である言語能力，情報活用能力，問題発見・解決能力や，現代的な諸課題に対応して求められる資質・能力の育成のためには，教科横断的な学習を充実させる必要が述べられている。数学の各単元をつなぐことについても，探究的な活動を行う上で必要不可欠と言えるだろう。図 9-5 に示した問いは，解に向かうプロセスが文脈の中にすべて提示されているタイプの問題であるが，様々な単元の知識の活用が求められ，多角的に問題を捉えるヒントになると考えられる。授業設計の際も，単元の中で閉じてしまいがちであるが，単元間のつながりを意識した計画が必要である。

②扱う数値の桁が大きく計算しやすい数にされていないこと

　海外では電卓を活用することを前提としたカリキュラム設計がなされ，計算しやすいように数値を適正化することが行われておらず，現実で数値を扱う場面により近いと言える。実生活・実社会に数学を応用する姿勢をもたせるには，扱う数値から検討することが必要ではないだろうか。また，現実における処理については ICT の活用が不可欠である。使用する機器やソフトについてもより現実に即したものが授業に取り入れられ，その活用が評価に結びつくようなカリキュラム設計が今後必要と考えられる。

③文脈と二次関数をつなげて考えさせること

　問題文の導入から，箱にストローが入っているという文脈で，数学と現実のつながりが意識されている。文脈のイメージが特に重要になるのが (e) の問題である。この問いでは，関数における等号が成り立つときに支出と収入が一致し，利益が 0 になると考え，「利益を出すためにはそのときの x に 1 を加える」という流れが想定されている。扱っている x は箱の個数であるため，自然数となるといった前提についても文脈から把握する必要がある。文脈の中で数学を活用することで，批判的思考の育成にもつなげることができる。

　このように DP の数学で扱われる問題からも，学習指導要領（平成 29・30 年告示）の目指す授業のヒントを得ることができる。

3　まとめ

　本章では数学 I における二次関数に着目し，学習指導要領（平成 29・30
年告示）を踏まえた授業に関する議論を行った。この改訂で，各分野で大き
な変更が行われ，本章では「数学と日常とのつながり」「グラフ作成ソフトを
活用した授業のアイデア」「オープン・エンドな問いを取り入れた授業実践」
について議論を行った。それぞれの単元で個別に，このような教育課題に取
り組むのではなく，海外の数学教育の動向を注視し，課題解決に向けてより
よい授業実践を提案していくことが必要である。

巻末資料

　巻末資料では，本文で解説した「指導案」と，よく
ある質問についてまとめた「Q & A」を収録している。
それぞれ，国語科，英語科，数学科のページを設けて
いる。

　なお，本文で「一般的な指導案」（第2章）としてい
るものを「一般型指導案」として見開き左ページに，
「IBのエッセンスを取り入れた指導案」（第3章）とし
ているものを「IB型指導案」として右ページに，比較
しやすいよう配置した。

　「指導案」「Q & A」ともに，Ⅰ. 目標・課題設定編，
Ⅱ-1. 指導・評価編，Ⅱ-2. パフォーマンス評価（ルー
ブリック）編（ただし，一般型指導案は該当なし），Ⅲ.
活動（全体）編，Ⅳ. 活動（本時）編といったように，
指導案の項目順に掲載している。

指導案（国語科・英語科・数学科）
Q & A（国語科・英語科・数学科）

一般型　Ⅰ：目標・課題設定編

基本情報	授業者名：国際太郎　　科目名：現代の国語　　日時：2023.9.1 単元教材名：水の東西　　対象学年・クラス・人数：第1学年(40名)

単元目標	国語を適切に表現し的確に理解する能力を育成し，伝え合う力を高めるとともに，思考力や想像力を伸ばし，心情を豊かにし，言語感覚を磨き，言語文化に対する関心を深め，国語を尊重してその向上を図る態度を育てる。 また，話題について様々な角度から検討して自分の考えをもち，根拠を明確にするなど論理の構成や展開を工夫して意見を述べられるようになる。

単元観	本教材では，日本の「鹿おどし」と西洋の「噴水」を例に，日本と西洋の水の鑑賞の仕方の違いが説明されている。日本人が好きな水の姿を「流れる水」「時間的な水」「見えない水」という3つに集約しているが，抽象的で難しい。 また，昨今の生徒は，本文に出てくる「鹿おどし」にもなじみがないため，映像を用いて実物の形状や音を体感する機会をつくりたい。

学習者観	生徒たちはまだ高校に入学して間もなく，クラスメート同士で打ち解け合っていないせいか，リーダーシップをとる生徒が少なく，クラスに活気がない。 ただ，授業態度は良く，課題の提出状況は良好である。この適度な緊張感を今後も持続できるよう，授業中は多くの生徒を指名し，授業後もきめ細やかに課題の提出状況を管理すべきである。

ⅠＢ型 Ⅰ：目標・課題設定編

基本情報	授業者名：国際太郎　　　科目名：現代の国語　　日時：2023.9.1
	単元教材名：水の東西　　対象学年・クラス・人数：第 1 学年(40 名)

学習者中心の課題設定

到達目標	学習指導要領上での科目目標／年間指導計画上での目標： 論理的に考える力や深く共感したり豊かに想像したりする力を伸ばし，他者との関わりの中で伝え合う力を高め，自分の思いや考えを広げたり深めたりすることができるようにする。 建学の理念／自治体／学年／個人の理想の学習者像： 自己の能力を最大限に生かせるよう努めるとともに，他者に支えられて自己が高められるということを知る人間を目指す。

 目標からの落差としての課題

学習者観	Ⅰ．知識・技能：論理的思考力の体系を知らない。 Ⅱ．思考・判断・表現：対話を通じて思考を深める経験が不足。 Ⅲ．主体的に学習に取り組む態度：自身のこれまでの考えに対するこだわりが強い。

単元観	Ⅰ．知識・技能：水の例を通じて，主張と根拠の結びつきを扱える。 Ⅱ．思考・判断・表現：教材内の文化観の妥当性には議論の余地がある。 Ⅲ．主体的に学習に取り組む態度：東西の比較を通じて，自身の考えの偏りを知る。

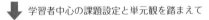 学習者中心の課題設定と単元観を踏まえて

単元目標	Ⅰ．知識・技能：「事実⇒根拠⇒主張」という論理の一形式を知る。 Ⅱ．思考・判断・表現：異文化を比較することの問題点や限界を考える。 Ⅲ．主体的に学習に取り組む態度：自分の考えを対話を通じて再構成しようとする。

問い	単元の概念：創造性 単元の核をなす本質的な問い：特定の文化を独自のもの(オリジナルなもの)と認めるための条件はどのようなものか。

 単元目標を達成するためには (指導観へ)

国語科
指導案

一般型 **Ⅱ-1：指導・評価編**

| 指導観 | 文章中の難しい語句は，グループに分かれて辞書で調べ，最後にクラスで共有する。また，比喩などの抽象的な表現は，適宜平易な言葉に置き換えながら板書に整理し，解説を加えていく。
各授業後の課題については，できるだけ，その日の授業内容をそのまま復習できるような穴埋め式のワークシートにする。 |

国語科単元の本観点	評価の観点			
	ア 文章読解への 関心・意欲・態度	イ 言語による 思考・判断・表現	ウ 言語構造に関する 技能	エ 言語に対する 知識・理解
趣旨	本文の内容に興味をもち，筆者の考えを理解しようと努めている。	自分の考えを伝え，他者の意見も受け入れながら自分の考えを構築し，根拠づけながら文章で書くことができる。	論理展開の形式の類型を体系的に理解している。	対比関係や抽象的な表現がもたらす効果を理解している。
観点ごとの評価規準①〜③	①本文の内容に興味をもち，筆者の考えを理解しようとしている。	①発問に対して，適切に自分の考えを表現している。	①対比関係を理解している。	①本文の具体例と，それが挙げられた意義を理解している。
	②クラスメートと協働しながら，本文における語句の意味を正しく捉えようとしている。	②他者の意見も受け入れながら自分の考えを文章で書いている。	②論理展開の形式の類型を体系的に理解している。	②抽象的な表現がもたらす効果を理解している。
	③自らの考えや体験をもとに，本文の内容に向き合おうとしている。	③自分の考えを伝える際は根拠を示しながら述べている。		

IB型 **Ⅱ-1：指導・評価編**

<table>
<tr><td rowspan="2">指導観</td><td colspan="2">Ⅰ．知識・技能：三角ロジックなど，論理に関する思考ツールを用いる。
Ⅱ．思考・判断・表現：「自文化中心主義」などの関連概念を示す。
Ⅲ．主体的に学習に取り組む態度：まずはじめの授業で，自分の考えを確認させる。</td></tr>
<tr><td colspan="2">

指導の方法（Approaches to Teaching；ATT）

☑ 探究を基盤とした指導
☑ 概念理解に重点を置いた指導
☑ 地域的な文脈とグローバルな文脈において展開される指導
☑ 効果的なチームワークと協働を重視する指導
☑ 学習への障壁を取り除くデザイン
☑ 評価を取り入れた指導

</td></tr>
</table>

指導観を踏まえた評価の観点 評価の観点から指導観を見直す

評価の観点

【主体的に学習に取り組む態度】
• 自分の考えを整理し，根拠づけながら他者に伝えようと努めているか。
• 他者との対話を通じて，自身の新たな考えを創造しようとしているか。

【知識・技能】	**【思考・判断・表現】**
転移可能な見方・考え方：論証のモデルを他の文章でも応用できるか。	転移可能な見方・考え方：異文化はどの程度評価できるのかという問題を考えられるか。
教科固有の見方・考え方：書き手の主張と根拠を関連づけられるか。	教科固有の見方・考え方：比較文化の問題点や限界はどのようなものか。

この単元で重要視するATLスキルは？

学習の方法（Approaches to Learning；ATL）

思考スキル	リサーチスキル	コミュニケーションスキル	社会性スキル	自己管理スキル
□ 記憶する □ 理解する ☑ 応用する □ 分析する ☑ 評価する □ 創造する	☑ 情報リテラシー ☑ メディアリテラシー □ 学問的誠実性	□ 話す・聞く □ 読む □ 書く ☑ 伝える □ 要約する □ ツールを活用する	□ 協働する □ 共感する □ 責任をもつ ☑ 意思を決定する □ リーダーシップを発揮する □ 主張する	□ 整理・整頓する □ 時間を管理する □ 感情をコントロールする □ 立ち直る ☑ 自己を動機づける □ 計画する

【形成的評価と総括的評価】
形成的評価：水に対する東西の見方の違いを整理・分析しているか。
総括的評価：比較文化に関する最終レポートを，ルーブリックを念頭に書いているか。

※ 資質・能力の三つの柱を踏まえた評価の観点と，IBの5つのATLスキルは一対一対応ではない。5つのATLスキルは，それぞれが独立しているわけではなく，相互に密接に関係している。この他にも，「振り返る力」「クリティカルシンキングスキル」「創造的思考スキル」「転移スキル」などにも考慮したい。

※ 指導の方法（ATT）についてはp. 57〜59, 資質・能力の三つの柱についてはp. 5, 学習の方法（ATL）についてはp. 60〜63, 形成的評価と総括的評価についてはp. 65を参照のこと。

> パフォーマンス評価（ルーブリック）の
> 方法は明示されていないことが多い。

Ⅰ B型 Ⅱ-2：パフォーマンス評価（ルーブリック）編

「知識・技能」のルーブリック
▶ 目標：「事実⇒根拠⇒主張」という論理の一形式を知る

			評価の尺度と規準		
			A（十分達成できている）	B（概ね達成できている）	C（努力を要する）
評価の観点	論証モデルをもとに,事実・根拠・主張の結びつきを捉えているか。	① 概念の理解	• 事実・根拠・主張という概念の理解の定義を正しく理解している。	• 事実・根拠・主張の定義を概ね理解している。	• 事実・根拠・主張の理解が曖昧で,一部混同している。
		②演繹力	• 論証モデルと本文の各要素とが正確に対応している。	• 論証モデルと本文の各要素とが概ね対応している。	• 論証モデルと本文内容との対応が不十分である。

「思考・判断・表現」のルーブリック
▶ 目標：異文化を比較することの問題点や限界を考える

			評価の尺度と規準		
			A（十分達成できている）	B（概ね達成できている）	C（努力を要する）
評価の観点	文化相対主義の概念の妥当性を文章で表現できるか。	① 情報収集	• テーマに関する適切な資料を探し吟味している。	• テーマに関する適切な資料を探し出している。	• テーマに関する適切な資料を探し出せていない。
		② 課題設定	• 正しい概念理解に根差した具体的な課題を設定している。	• 概ね正しい概念理解に根差して課題を設定している。	• 概念理解が不十分で,課題設定に連関していない。

「主体的に学習に取り組む態度」のルーブリック
▶ 目標：自分の考えを対話を通じて再構成しようとする

			評価の尺度と規準		
			A（十分達成できている）	B（概ね達成できている）	C（努力を要する）
評価の観点	社会構成主義的知識観のもと,自己の考えを深めようとするか。	①協働	• 学習者相互の意思疎通を効果的に行い,振り返っている。	• 学習者相互の意思疎通をある程度効果的に行っている。	• 学習者相互の意思疎通がほとんど見られない。
		② 自己の動機づけ	• すべての活動で,目的意識をもって自己を動機づけしている。	• おおよその活動で,目的意識をもって自己を動機づけしている。	• 目的に根差した言語活動が見られず,自己を動機づけできていない。

一般型　Ⅲ：活動（全体）編

単元の指導計画と評価計画（全4時間）

時間	各時間の目標	学習内容・活動	評価規準と方法
1	・本文を通読し全体のテーマを確認する。 ・新出の漢字や語句を書けるようにする。 ・全体の意味段落の構成を捉える。	・範読し，新出の漢字などにルビを振らせる。 ・グループに分かれて辞書で調べる。 ・適切な段落の分け方を理由とともに挙げる。	・ア−①【記述の観察】 ・ア−②【行動の観察】 ・ウ−①【行動の観察】
2	・実際の鹿おどしの音を理解する。 ・第一段の内容を理解する。	・ビデオ教材を視聴し，感想を発表する。 ・鹿おどしの動きと音に関する抽象的な表現を探し，読み解く。	・エ−①【行動の観察】 ・エ−②【記述の観察】
3	・第二段の内容を理解する。 ・第三段の内容を理解する。	・鹿おどしと噴水の違いを読み取る。 ・日本人の噴水に対する見方を理解する。	・イ−①【行動の観察】 ・ア−③【行動の観察】
4 （本時）	・第四段の内容を理解する。 ・日本文化についての自分の考えを発表する。	・日本人の水に対する感性とはどのようなものか理解する。 ・日本と西洋の文化の違いを文章にまとめ，発表する。	・ウ−②【行動の観察】 ・イ−②【記述の観察】

ⅠB型 Ⅲ：活動（全体）編

指導と評価の計画（全 4 時間）

時間	各時間における		評価の内容と方法	学習活動
	目標	発問・問い		
1	・本文を通読し全体のテーマ及び論理展開を確認する。 ・書き手の主張に対して自分の意見をもつ。	【主発問】 ・書き手が挙げる根拠はどの程度客観性があるか。 ・書き手の水の鑑賞法にどの程度共感できるか。	・知識・技能：本文の語句を正しく用いているか。 ・思考・判断・表現：鑑賞法の違いを理解できたか。	・情報と知識，主張と根拠を三角ロジックなどを活用して識別する。 ・初発の意見文を200字でまとめる。
2	・自文化を理解することの問題点や限界を考える。	【主発問】 ・私たちは自国の文化をどの程度継承しているのか。またそれはどうやって実現されるのか。	・知識・技能：本文の主張を正しく理解しているか。 ・思考・判断・表現：主張を批判的に捉えているか。	・日本における水の鑑賞法の今日性について，前回の意見文をもとに話し合う。
3	・異なる二つの文化を比較することの問題点や限界を考える。	【主発問】 ・特定の国や地域に根差した文化や価値観は，異国の見方や感性でどの程度，理解できるのか。	・知識・技能：自文化中心主義と文化相対主義を理解しているか。	・礼儀作法など具体例をもとに，自文化中心主義と文化相対主義を学び，双方の問題点を具体的に考える。
4 （本時）	・異文化間の相互影響を踏まえた上で，文化の独自性について考える。	【本質的な問い】 ・日本文化のオリジナルな特徴とはどのようなものか。	・事前に示したルーブリックを用いて，パフォーマンス評価を行う。	・前時を踏まえて，自文化中心主義・文化相対主義の問題と，自文化の独自性についてまとめる。

【単元目標】
　　知識・技能：「根拠⇒主張」という論理の一形式を知る。
　　思考・判断・表現：異文化を比較することの問題点や限界を考える。
　　主体的に学習に取り組む態度：自分の考えを対話を通じて再構成しようとする。

【本質的な問い】
　　特定の文化を独自のもの（オリジナルなもの）と認めるための条件はどのようなものか。

【単元の概念】
　　創造性

指導案
国語
科

一般型 Ⅳ：活動（本時）編

本時の展開と評価計画（4 時間目）

本時の目標：第四段を理解し，日本文化についての自分の考えを発表する。
本時の評価規準・評価方法：授業中の発表内容及び，成果物の内容の質。

時間 (50分)	学習活動	指導上の留意点	評価規準と方法
10分	【導入】 • 前時の振り返り。 • 本時の目標の確認。	• 第三段までの内容の復習。 • 日本人の「感性」及び「見えない水と，目に見える水」という表現の意味内容を理解した上で，自身が水を鑑賞する際の見方の特徴を文章にまとめ，発表する。	• ウ−①【行動の観察】 • イ−②【行動の観察】
30分	【展開】 • 第四段の音読。 • 日本人の水に対する「感性」とはどのようなものか読み，発表する。 • 「見えない水」とはどういう意味か発表する。 • 日本と西洋の文化の違いを400字でまとめる。	• 指名する。 • 「思想」と「感性」という概念の違いについて板書する。 • 「見える」のに「見えない」と表現する鹿おどしの水の在り方について発言を求める。 • テーマは水に限らなくてもよいことを伝える。	• ア−①【行動の観察】 • エ−②【行動の観察】 • イ−①【行動の観察】 • イ−②【記述の観察】
10分	【まとめ】 • 日本と西洋の文化の違いについて，一人1分で発表する。 • 全4時間で学んだことを総括する。	• 指名する。なるべく取り上げる具体例が偏らないよう発表者選びに配慮する。 • 振り返りシートを宿題として課す。	• イ−①【行動の観察】 • ア−③【行動の観察】

ⅠB型 Ⅳ：活動（本時）編

本時の指導計画（4時間目）

本時の目標：異文化との比較を通じて見え方が変容する自国の文化について考える。
本時の評価規準・評価方法：ルーブリックを用いたパフォーマンス評価。

時間	各時間における		評価の内容と方法	学習活動及び留意点
	目標	発問・問い&想定回答		
10分	・授業の連続性を確認する。 ・個々の考える問題意識や疑問点を思い出す。	・水の東西はどのような問題を提起するか。 ⇒文化理解の可能性 ・文化の比較はどこまで可能か。 ⇒そもそも文化は独立したものか？相互影響は？	・発言内容により形成的評価を行う（助言を与える）。	【導入】 ・はじめに教材の主題を確認した上で，そこから喚起される，教材を越えた様々な問題を共有する。
35分	・「オリジナル」という概念について調べる（インスパイア・リスペクト・パロディ・オマージュなどとの比較）。 ・文化の独自性について自分の意見をもつ。 ・自分の意見を俯瞰して見直す。	・日本文化はどの程度独自性をもつか。 ⇒中国文化の影響 ・あるものを「オリジナル」と認めるための条件とは何か。 ・クラスメートはどう考えたのか。	・情報収集に関する評価を行う。 ・ルーブリックによるパフォーマンス評価を行う。 ・協働に関する評価を行う。	【展開】 ・概念理解に関わる情報収集を行った上で，意見文を作成していく。 ・作成後は意見文の概要の発表と共有を行う。
5分	・本教材で扱われた「水を鑑賞する行為」についての論考が，実社会の問題につながることを確認する。	・書き手は「独自性」という概念をどのように考えていると思われるか。 ⇒「思想」に先立つ「感性」に根差したもの，など	・発言内容により形成的評価を行う（助言を与える）。	【まとめ】 ・全時の総括と振り返りを行う。

一般型　Ⅰ：目標・課題設定編

基本情報	授業者名：国際花子　　科目名：コミュニケーション英語Ⅲ　　日時：2023.9.1 単元名：Giving a Persuasive Speech　　対象学年・クラス・人数：第 3 学年(40 名)

単元目標	ア　スピーチの構造を理解する。 イ　語句・文法・修辞技法に気をつけながら，自分の意見や考えを効果的な流れをもって 　　英語で伝えることができる。 ウ　積極的にスピーチ活動に参加する。

単元観	本単元は，説得型スピーチの特徴を理解し，修辞技法の種類と使われ方を，演習を通して 身につけさせる内容となっている。思考力，判断力，表現力の育成を図るため，背景知識 を用いながら意見や考えをまとめ，スピーチを通して効果的に意見や考えを相手に伝える 力を養いたい。

学習者観	1. 文法と内容理解の設問が混在した問題演習を行うための力は身につけているものの， 　英語でのスピーチを通して自分の意見や考えを伝えることに不慣れな生徒が多い。 2. 論理的な英文構成については，パラグラフ・ライティングの学習を通して理解してい 　る生徒が多い。一方で，スピーチの特徴やきまりについての理解は不十分である。

⒤Ⓑ型 Ⅰ：目標・課題設定編

指導案
英語科

基本情報	授業者名：国際花子　　科目名：英語コミュニケーションⅢ　　日時：2023.9.1 単元名：Giving a Persuasive Speech　　対象学年・クラス・人数：第3学年(40名)

学習者中心の課題設定

到達目標	**学習指導要領上での科目目標／年間指導計画上での目標：** 論理性に配慮しながら，聞き手を説得できるスピーチを英語で行えるようにする。 **建学の理念／自治体／学年／個人の理想の学習者像：** 豊かな人間性をもった「地球市民の育成」の実現のため，物事を多面的・多角的に捉え，自分の意見や考えを英語で論理的に表現する力の育成を目指す。

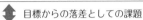 目標からの落差としての課題

学習者観	Ⅰ．**知識・技能**：物事を英語で論理的に伝えるための知識・技能面に課題がある。 Ⅱ．**思考・判断・表現**：オープン・エンドな英語での問いへの応答について困難を感じる。 Ⅲ．**主体的に学習に取り組む態度**：意見・考えを自分の言葉として英語で表現することへの抵抗感がある。

単元観	Ⅰ．**知識・技能**：モデルとなるスピーチや具体的な修辞技法を示している。 Ⅱ．**思考・判断・表現**：理由や根拠を明らかにすることの重要性を伝えている。 Ⅲ．**主体的に学習に取り組む態度**：主体的に説得型スピーチを行おうとしている。

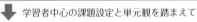 学習者中心の課題設定と単元観を踏まえて

単元目標	Ⅰ．**知識・技能**：発音やイントネーションを意識して，修辞技法を効果的に取り入れたスピーチを，実生活・実社会とのつながりを考えながら行うことができる。 Ⅱ．**思考・判断・表現**：理由や根拠を示しながら多面的・多角的な視点で応答できる。 Ⅲ．**主体的に学習に取り組む態度**：オーディエンスを意識しながらスピーチできる。

問い	**単元の概念：アイデンティティ** **単元の核をなす本質的な問い**：人を説得したり，人に納得してもらうためには，どのような表現方法を用いるのがよいのだろうか。

単元目標を達成するためには（指導観へ）

一般型 Ⅱ-1：指導・評価編

指導観	1. 英問英答を通して，モデルとなるスピーチ原稿の内容を理解させる質問を投げかけ，スピーチの構成を理解させたい。 2. まとまった語数で自分の意見・考えが言えるよう，スピーチに必要な語句・表現を理解させ，演習を通して定着させたい。

	評価の観点			
英語科の観点	**ア** 関心・意欲・態度	**イ** 思考・判断・表現	**ウ** 技能	**エ** 知識・理解
本単元の観点	コミュニケーションへの関心・意欲・態度	外国語表現の能力	外国語理解の能力	言語や文化についての知識・理解
趣旨	スピーチで積極的に自分の意見・考えを表現しようとしている。	修辞技法を効果的に用いながらスピーチができる。	質問，呼びかけなどの英語を聞いて，適切な反応ができる。	スピーチ特有の語句・表現について理解し，適切に用いることができる。
観点ごとの評価規準①〜②	①英語で積極的に意見・考えを表現しようとしている。 ②クラスメートのスピーチを聞き，話者の主張を捉えようとしている。	①修辞技法を効果的に用いながら話している。 ②強勢や抑揚、イントネーションなどに気をつけながら、音読している。	①質問や呼びかけなどの英語を聞いて，適切な反応をしている。 ②話し手の主張が理由や事例，根拠をつかみながら，聞いたり読んだりした内容を理解している。	①スピーチ特有の修辞技法や構成を理解している。

ＩＢ型 Ⅱ-1：指導・評価編

<table>
<tr><td rowspan="3">指導観</td><td colspan="2">
Ⅰ．**知識・技能**：修辞技法を用いたスピーチ原稿の作成方法について，スピーチ原稿のサンプルを提示するなどし，生徒の英語熟達度に合わせた語い・表現・文構造を用いる。
Ⅱ．**思考・判断・表現**：スピーチ原稿の例を示すなどして，多面的・多角的な視点をもって英文を分析，評価し，スピーチを組み立てる方法について演習する。
Ⅲ．**主体的に学習に取り組む態度**：学習者間でルーブリックに基づき評価・コメントし合い，協働学習の場を設ける。
</td></tr>
<tr><td colspan="2">**指導の方法（Approaches to Teaching；ATT）**</td></tr>
<tr><td colspan="2">
☑探究を盤盤とした指導
☑概念理解に重点を置いた指導
☑地域的な文脈とグローバルな文脈において展開される指導
☑効果的なチームワークと協働を重視する指導
☑学習への障壁を取り除くデザイン
☑評価を取り入れた指導
</td></tr>
</table>

指導観を踏まえた評価の観点 評価の観点から指導観を見直す

<table>
<tr><td rowspan="9">評価の観点</td><td colspan="2">
【主体的に学習に取り組む態度】
• ルーブリックに基づき，相互評価を協働で適切に行おうとしているか。
• スピーチの内容について，オーディエンスを意識しながら（聞き手に伝わるように）スクリプトを計画立てて準備しようとして（書いて）いるか。
</td></tr>
<tr>
<td>
【知識・技能】
転移可能な見方・考え方：説得型スピーチと感情のつながりについて実生活・実社会との関係性から理解しているか。
教科固有の見方・考え方：発音やイントネーションを意識しながらスピーチしているか。
</td>
<td>
【思考・判断・表現】
転移可能な見方・考え方：論の展開に矛盾がないか，多面的・多角的な視点で考察しているか。
教科固有の見方・考え方：文脈に沿った語句・文を適切に使用しているか。
</td>
</tr>
<tr><td colspan="2" align="center">この単元で重要視するATLスキルは？</td></tr>
<tr><td colspan="2">**学習の方法（Approaches to Learning；ATL）**</td></tr>
</table>

思考スキル	リサーチスキル	コミュニケーションスキル	社会性スキル	自己管理スキル
□記憶する ☑理解する □応用する □分析する ☑評価する ☑創造する	□情報リテラシー □メディアリテラシー □学問的誠実性	☑話す・聞く □読む ☑書く □伝える □要約する □ツールを活用する	☑協働する □共感する □責任をもつ □意思を決定する □リーダーシップを発揮する □主張する	□整理・整頓する □時間を管理する □感情をコントロールする □立ち直る □自己を動機づける ☑計画する

【形成的評価と総括的評価】
形成的評価：英文構成（修辞技法を含む）を意識してスピーチ原稿を作成しているか。
総括的評価：事前に提示したルーブリックに基づきスピーチを行っているか。

※ 資質・能力の三つの柱を踏まえた評価の観点と，ＩＢの５つのＡＴＬスキルは一対一対応ではない。５つのＡＴＬスキルは，それぞれが独立しているわけではなく，相互に密接に関係している。この他にも，「振り返る力」「クリティカルシンキングスキル」「創造的思考スキル」「転移スキル」などにも考慮したい。

※ 指導の方法（ATT）についてはp. 57〜59，資質・能力の三つの柱についてはp. 5，学習の方法（ATL）についてはp. 60〜63，形成的評価と総括的評価についてはp. 65を参照のこと。

一般型

指導案
英語科

> パフォーマンス評価（ルーブリック）の
> 方法は明示されていないことが多い。

ⅠB型 Ⅱ-2：パフォーマンス評価（ルーブリック）編

「知識・技能」のルーブリック

▶目標：発音やイントネーションを意識して，修辞技法を効果的に取り入れたスピーチを実生活・実社会とのつながりを考えながら行えるようになる。

<table>
<tr><th colspan="2"></th><th colspan="3">評価の尺度と規準</th></tr>
<tr><th colspan="2"></th><th>A（十分達成できている）</th><th>B（概ね達成できている）</th><th>C（努力を要する）</th></tr>
<tr><td rowspan="2">評価の観点</td><td rowspan="2">How well do you attend to sounds and use appropriate sentences?</td><td>①Sounds</td><td>• Your pronunciation and intonation are clear and it is easy to understand what you are saying.</td><td>• Your pronunciation and intonation are sometimes influenced by your mother tongue, which sometimes leads misunderstandings on what you are saying.</td><td>• Your pronunciation and intonation are strongly influenced by your mother tongue, which often leads to misunderstandings on what you are saying.</td></tr>
<tr><td>②Language</td><td>• You use vocabulary and expressions appropriate to the topic.
• Your sentences are understandable.</td><td>• You sometimes use vocabulary and expressions appropriate to the topic.
• Your sentences are somewhat understandable.</td><td>• You do not use vocabulary and expressions appropriate to the topic.
• Your sentences are difficult to understand.</td></tr>
</table>

「思考・判断・表現」のルーブリック

▶目標：理由や根拠を示しながら多面的・多角的な視点で応答できるようになる。

<table>
<tr><th colspan="2"></th><th colspan="3">評価の尺度と規準</th></tr>
<tr><th colspan="2"></th><th>A（十分達成できている）</th><th>B（概ね達成できている）</th><th>C（努力を要する）</th></tr>
<tr><td>評価の観点</td><td>How well do you state your arguments with reasons, and maintain coherency?</td><td>①Message</td><td>• You state your arguments.
• Your speaking is coherent.</td><td>• You state your opinions.
• Your speaking is somewhat coherent.</td><td>• You do not state your arguments or opinions, and your speaking incoherent.</td></tr>
</table>

「主体的に学習に取り組む態度」のルーブリック

▶目標：オーディエンスを意識しながらスピーチできるようになる。

<table>
<tr><th colspan="2"></th><th colspan="3">評価の尺度と規準</th></tr>
<tr><th colspan="2"></th><th>A（十分達成できている）</th><th>B（概ね達成できている）</th><th>C（努力を要する）</th></tr>
<tr><td>評価の観点</td><td>How is your presentation style?</td><td>① Presentation</td><td>• You often make eye contact with the audience.
• Your voice is clear.</td><td>• You sometimes make eye contact with the audience.
• Your voice can be heard but is sometimes unclear.</td><td>• You make little eye contact with the audience.
• The voice is soft and unclear most of the time.</td></tr>
</table>

一般型 Ⅲ：活動（全体）編

単元の指導計画と評価計画（全 4 時間）

指導案
英語科

時間	各時間の目標	学習内容・活動	評価規準と方法
1 （本時）	英語スピーチの特徴やきまりを理解する。	【インプット活動】 オーラル・イントロダクションを通してスピーチに関するレッスンの概要をつかむ。	イ－②【活動の観察】 ウ－②【活動の観察】
2	・英語スピーチにおいて感情表現が果たす役割を理解する。 ・自分の意見・考えを口頭で発表する。	【インプット活動と補助のあるアウトプット活動】 オーラル・イントロダクションを通して感情が果たす役割を理解するとともに，自分の意見・考えを発表する。	ア－①【活動の観察】 ウ－②【活動の観察】
3	・スピーチの修辞技法を理解する。 ・修辞技法を用いて作文する。	【インプット活動とアウトプット活動】 モデルとなるスピーチ原稿を読み，修辞技法の用いられ方を理解する。また，モデルを参考に作文する。	ウ－①【活動の観察】 エ－①【作文の提出】
4	スピーチを行う。	【アウトプット活動】 作文した原稿をもとに，原稿を見ないでスピーチを行う。	ア－①【活動の観察】 ア－②【活動の観察】 イ－①【活動の観察】 ウ－②【課題の提出】

ＩＢ型 Ⅲ：活動（全体）編

単元の指導計画と評価計画（全4時間）

時間	各時間における		評価の 内容と方法	学習活動
	目標	発問・問い		
1 (本時)	• 感情とは何かと いった概念を理解 する。 • 英語スピーチの特 徴やきまりを理解 する。	When communicating with someone, what is more important to you—relying on our emotions or thinking logically?	**知識・技能**：モデル となるスピーチ原稿 の内容や特徴をどの 程度把握している か。	モデルとなるスピー チ原稿を読み，感情 表現の度合いや，英 語スピーチの特徴を つかむ。
2	• 実生活・実社会に おける感情の役割 について理解する。 • 例示などを用いな がら自分の意見・ 考えを伝え合う。	• Do you think that showing your emotions is good for building relationships with your friends? Do you have any examples of this? • How are your classmates' belief similar or different from those of yours?	**思考・判断・表現**： 例示を行うなどし て，首尾一貫性を意 識しながら発話して いるか。	発問に対する応答に ついてメモ書きをし， メモをもとにペア・ グループで意見交換 する。
3	• スピーチの修辞技 法と構成を理解し， 効果的な修辞技法 の用い方を分析・ 評価する。 • 修辞技法を用いて 作文する。	• What are the characteristics of a good speech? List what you believe to be the three most important characteristics.	**知識・技能**：主な修 辞技法を理解してい るか。 **思考・判断・表現**： 修辞技法を効果的に 用いて作文している か。	英語スピーチにおけ る代表的な修辞技法 を理解し，モデルと なる英文を参考にし ながら，実際にスピー チ原稿を書く。
4	スピーチ発表を行い， 自己で振り返りを行う。		ルーブリックに基づ き総括的評価を行う。	スピーチを行う。

【単元目標】
　　知識・技能：修辞技法の種類とその役割を理解する。
　　思考・判断・表現：高次思考レベルへの問いに適切な語句・表現を用いて論理的に応答する。
　　主体的に学習に取り組む態度：ルーブリックに基づく相互評価を積極的に行っている。

【本質的な問い】
　　人を説得したり納得してもらうためには，どのような表現方法を用いるのがよいのだろう
　か。

【単元の概念】
　　感情(emotions)

一般型 Ⅳ：活動（本時）編

本時の展開と評価計画（1 時間目）

本時の目標：英語スピーチの特徴やきまりを理解する。
本時の評価規準・評価方法：質問，呼びかけなどの英語を聞いて，適切な反応ができる。

時間 （50分）	学習活動	指導上の留意点	評価規準と方法
10 分	【導入】 • 英語による挨拶。 • Oral introduction を行い，本時の導入を行う。	Yes ／ No で答えられる簡単な質問から，オープン・エンドな問いまで，様々なタイプの英問英答を行う。	
32 分	【展開】 • モデルとなるスピーチ原稿を読み，内容を把握しスピーチの特徴をつかむ。 • モデルとなるスピーチ原稿を音読し，感情表現を適宜組み込む必要性を理解する。	• スクリーンに表示される新出単語を発音させ，正確に発音できているかどうかを確認する。 • リズムや発音に注意しながら教師の後に続いて音読させる。 • 一人ずつ立って音読する。教師は巡回しながら確認をする。 • 英文の内容の理解度を測る Questions and Answer を行う。 • スピーチには感情表現を入れ込むことを指導する。	• イ－②【活動の観察】 • ウ－②【活動の観察】
8 分	【まとめ】 • 本時の学びを振り返る。 • 英語による挨拶。	• ペアやグループで今日新たに発見したことや理解したこと，理解が乏しかったことなどを英語で会話させる。	

ⅠB型 Ⅳ：活動（本時）編

本時の展開（1 時間目）

本時の目標：感情とは何かといった概念を理解する。英語スピーチの特徴やきまりを理解する。
本時の評価規準・評価方法：モデルとなるスピーチ原稿の内容や特徴がどの程度把握できたか（知識・技能）。

時間	各時間における		評価の 内容と方法	学習活動 及び留意点
	目標	発問・問い＆想定回答		
10分	感情とは何か，感情が果たす役割とは何か，といった<u>概念を捉える</u>。	When communicating with someone, what is more important to you—relying on your emotions or thinking logically? ⇒ Thinking logically is rather important.	発言内容により形成的評価を行う（フィードバックを与える）。	【導入】 3～4分程度で意見・考えをまとめて3人グループで共有する。
32分	・モデルとなるスピーチ原稿を読み，内容を把握しスピーチの特徴をつかむ。 ・モデルとなるスピーチ原稿における感情表現の使用頻度や使われ方を分析する。	・According to the text, what is the main purpose of this speech? ⇒ To tell audiences the importance of showing emotions. ・What are the positive effects of expressing our emotions for giving a speech? ⇒ We can persuade audiences.	・内容理解を促す質問及び<u>自分の意見・考えを問う高次思考レベルの質問</u>を投げかけ，内容理解の深まりを確かめる。 ・発言内容により形成的評価を行う（フィードバックを与える）。	【展開】 スピーチ原稿を一定時間で読み，理解度を深める質問に答える。その後，スピーチ中に含まれる感情表現にアンダーラインを引き，説得型スピーチにおける感情が果たす役割を考察する。
8分	本時の学びを振り返り，どのような知識・技能が<u>実生活・実社会で応用（転用）可能なのか</u>を考える。	How can you transfer the knowledge learnt in this period in the real-life situations?	発言内容により形成的評価を行う（フィードバックを与える）。	【まとめ】 本時の学びについて，実生活・実社会のどのような場面で活用できるか，英語で50語以上でノートに記述し，その後，クラスメートと内容を共有する。

一般型 Ⅰ：目標・課題設定編

<table>
<tr>
<td>基本情報</td>
<td>授業者名：国際太郎　　科目名：数学Ⅰ　　日時：2023.9.1
単元教材名：二次関数・二次関数の応用　　対象学年・クラス・人数：第1学年（40名）</td>
</tr>
</table>

<table>
<tr>
<td>単元目標</td>
<td>ア　関数の概念と，関数のグラフを描くことの意義を理解する。
イ　二次関数の式を平方完成し，二次関数のグラフを描くことができる。
ウ　二次関数の式とそのグラフの特徴を理解する。</td>
</tr>
</table>

<table>
<tr>
<td>単元観</td>
<td>二次関数を表・式・グラフで表現し，数学の有用性を感じさせるとともに，関心意欲を高めることがねらいである。
また，具体的な例を用いて，身の回りに二次関数が使われていることを理解させ，数学を学ぶ意義を感じさせる。</td>
</tr>
</table>

<table>
<tr>
<td>学習者観</td>
<td>1.　中学校で学習した一次関数や二次関数に対し，苦手意識がある生徒が多い。
2.　関数とグラフをつなげて考えることが難しい生徒が多い。</td>
</tr>
</table>

⬤IB型 Ⅰ：目標・課題設定編

基本情報	授業者名：国際太郎　　科目名：数学Ⅰ　　日時：2023.9.1 単元教材名：二次関数・二次関数の応用　　対象学年・クラス・人数：第1学年(40名)

学習者中心の課題設定

到達目標	学習指導要領上での科目目標／年間指導計画上での目標： 二次関数の基本的な概念や原理法則を体系的に理解するとともに，事象を数学化したり，数学的に解釈したり，数学的に表現処理したりする技能を身につけようとする。 建学の理念／自治体／学年／個人の理想の学習者像： グローバルリーダーの育成を目指す。

 目標からの落差としての課題

学習者観	Ⅰ．知識・技能：二次関数の式変形から平方完成を行うことに課題がある。 Ⅱ．思考・判断・表現：問題が求めることに対し，適切な処理を思いつかない。 Ⅲ．主体的に学習に取り組む態度：発表については人前で話すことに困難な生徒がいる。

＋

単元観	Ⅰ．知識・技能：二次関数のグラフについて特徴を示せる。 Ⅱ．思考・判断・表現：適切な計算処理を選択できる。 Ⅲ．主体的に学習に取り組む態度：自身の考えをもち，述べることができる。

 学習者中心の課題設定と単元観を踏まえて

単元目標	Ⅰ．知識・技能：二次関数の値の変化やグラフの特徴について理解する。 Ⅱ．思考・判断・表現：日常や実社会の事象を数学的に捉え，数学的な特徴を考察する。 Ⅲ．主体的に学習に取り組む態度：主体的・対話的で深い学びを促し，数学のよさを認識できるようにする。

問い	単元の概念：ものの見方 単元の核をなす本質的な問い：数学的な見方・考え方を通して，物事の安全性をどの程度想定できるか。

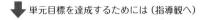 単元目標を達成するためには (指導観へ)

一般型 Ⅱ-1：指導・評価編

指導案
数学科

| 指導観 | 1. 数学的に考えたことを生徒同士で議論することで意識的に処理を行うよう促したい。
2. 生徒の数学的なプロセスを明確化し，効果的な振り返りを行う。 |

数本単元の観点	評価の観点			
	ア 関心・意欲・態度	イ 数学的な考え方	ウ 表現・処理	エ 知識・理解
趣旨	様々な視点で状況を捉えようとしている。	二次関数を使って，時間から高さを求めている。	平方完成を行うことで，高さの最大値を求めている。	関数の性質を利用して，時間から高さを求めている。
観点ごとの評価規準①〜③	①事象の中の2つの数量関係に関心をもつ。	①2つの数量の関係についてグラフ，式，表を用いて考察することができる。	①関数についていくつかの点をとってグラフに表すことができる。	①関数の定義や関数のグラフの意味を理解している。
	②二次関数とそのグラフに関心をもち，分析しようとする。	②二次関数の式とグラフを関連づけて分析することができる。	②二次関数のグラフの位置と式の関係を把握し，グラフを描くことができる。	②グラフの平行移動について理解している。
		③二次関数の式とグラフを分析し，特徴を述べることができる。	③二次関数の式を一般形から標準形に変換し，それぞれの特徴を述べることができる。	③グラフが満たす条件から二次関数の式を求める方法を理解している。

ⅠB型 Ⅱ-1：指導・評価編

数学科 指導案

| 指導観 | Ⅰ．**知識・技能**：二次関数とグラフとの関係性を示す。
Ⅱ．**思考・判断・表現**：類似の問題をあらかじめ解くことで足場づくりを行う。
Ⅲ．**主体的に学習に取り組む態度**：主体的に文章を読み意味を確認するよう促す。

指導の方法（Approaches to Teaching；ATT）
☑ 探究を基盤とした指導
☑ 概念理解に重点を置いた指導
☑ 地域的な文脈とグローバルな文脈において展開される指導
☑ 効果的なチームワークと協働を重視する指導
☑ 学習への障壁を取り除くデザイン
☑ 評価を取り入れた指導 |

指導観を踏まえた評価の観点 評価の観点から指導観を見直す

| 評価の観点 | **【主体的に学習に取り組む態度】**
・数学的な視点と数学以外の視点を用い協働で分析を行っているか。
・数学にとらわれず，より多様な視点で議論を広げようとしているか。

【知識・技能】
転移可能な見方・考え方：二次関数を含む事象における時間と高さの関係を数学的に応用することができる。
教科固有の見方・考え方：現実世界で描かれる放物線の数学的側面を分析的に検証できる。 **【思考・判断・表現】**
転移可能な見方・考え方：放物線など二次関数を含む事象に応用して考察することができる。
教科固有の見方・考え方：頂点を求めることで最も高い位置を知ることができる。

この単元で重要視するATLスキルは？ |

学習の方法（Approaches to Learning；ATL）

思考スキル	リサーチスキル	コミュニケーションスキル	社会性スキル	自己管理スキル
□ 記憶する □ 理解する ☑ 応用する □ 分析する □ 評価する □ 創造する	□ 情報リテラシー □ メディアリテラシー □ 学問的誠実性	□ 話す・聞く □ 読む ☑ 書く □ 伝える □ 要約する □ ツールを活用する	☑ 協働する □ 共感する □ 責任をもつ □ 意思を決定する □ リーダーシップを発揮する □ 主張する	□ 整理・整頓する ☑ 時間を管理する □ 感情をコントロールする □ 立ち直る □ 自己を動機づける □ 計画する

【形成的評価と総括的評価】
形成的評価：自身の解法について共有ドキュメントに書き込むことができるか。
総括的評価：他の生徒の意見を総合し，授業全体を振り返ることができるか。

※ 資質・能力の三つの柱を踏まえた評価の視点と，IBの5つのATLスキルは一対一対応ではない。5つのATLスキルは，それぞれが独立しているわけではなく，相互に密接に関係している。この他にも，「振り返る力」「クリティカルシンキングスキル」「創造的思考スキル」「転移スキル」などにも考慮したい。

※ 指導の方法（ATT）についてはp. 57～59，資質・能力の三つの柱についてはp. 5，学習の方法（ATL）についてはp. 60～63，形成的評価と総括的評価についてはp. 65を参照のこと。

一般型

> パフォーマンス評価（ルーブリック）の
> 方法は明示されていないことが多い。

ⅠB型 Ⅱ-2：パフォーマンス評価（ルーブリック）編

「知識・技能」のルーブリック
▶目標：二次関数の値の変化やグラフの特徴について理解する

		評価の尺度と規準		
		A（十分達成できている）	B（概ね達成できている）	C（努力を要する）
評価の観点	与えられた時間から，高さを求めることができるか。	① 関数の性質理解	• 二次関数に数値を代入し，正しく高さを求め，平方完成などによって頂点を求めることができる。	• 二次関数に数値を代入し，正しく高さを求めることができる。	• 二次関数に数値を適切に代入できていない。 • グラフと式の関係を理解していない。

「思考・判断・表現」のルーブリック
▶目標：日常や実社会の事象を数学的に捉え，数学的な特徴を考察する

		評価の尺度と規準		
		A（十分達成できている）	B（概ね達成できている）	C（努力を要する）
評価の観点	着地台とバイクの位置の関係に着目し，高さを求めることができる。	① 関数と現実事象の関係の理解	• バイクの着地台の高さを発射台の高さの情報から割り出し，着地台とバイクの高さの差を求めることができる。	• 与式に $x=110$ を代入しバイクの高さを求めることができる。	• 着地台とバイクの高さに注目せずに安全性を論じている。

「主体的に学習に取り組む態度」のルーブリック
▶目標：主体的・対話的な学びを促し，数学のよさを認識できるようにする

		評価の尺度と規準		
		A（十分達成できている）	B（概ね達成できている）	C（努力を要する）
評価の観点	バイクの安全性について数学とその他の要素を考えた上で，論じることができる。	① 多面的に事象を見る態度	• 複数の視点で安全性に対する議論を行い，実際の状況と照らし合わせて効果的に探究を行っている。	• 複数の視点で安全性に対する議論を行い，探究を行っている。	• 安全性に対する議論が不十分で，論述に誤りが見られる。

一般型 Ⅲ：活動（全体）編

単元の指導計画と評価計画（全 4 時間）

数学科 指導案

時間	各時間の目標	学習内容・活動	評価規準と方法
1	• 二次関数とグラフの対応を理解する。	• 放物線の軌跡がわかる写真にグラフ作成ソフトで二次関数の係数を変化させることで写真へのグラフのフィッティングを行う。	• ウ－①【活動の観察】 • エ－①【活動の観察】
2	• 判別式の有用性を理解し、二次関数と x 軸の関係を整理して考えることができる。	• 判別式を用いて二次関数のグラフと x 軸の関係を図で表すことができるか。	• ウ－②【活動の観察】
3	• 日常の文脈に二次関数の考え方を応用できるか。	• 「二次関数の最大値・最小値」や「二次不等式」に関する問題を扱う。	• ウ－①【活動の観察】 • イ－②【レポート提出】
4 （本時）	• 日常の文脈から条件を見いだし、数学的な処理と照らし合わせて考えることができるか。	• 単元内で学習した知識を応用して、オープン・エンドな問いに取り組む。	• ア－①【活動の観察】 • エ－①【活動の観察】

IB型 Ⅲ：活動（全体）編

指導と評価の計画（全4時間）

時間	各時間における		評価の内容と方法	学習活動
	目標	発問・問い		
1	・二次関数とグラフの対応を理解する。	・二次関数の基本形 $y=a(x-b)^2+c$ や一般形 $y=ax^2+bx+c$ などの係数を操作するとどのようにグラフが変化するだろうか。	二次関数の係数を操作し，グラフ作成ソフトで二次関数と現実の世界を対応させることができるか。	放物線の軌跡がわかる写真にグラフ作成ソフトで二次関数の係数を変化させることで写真へのグラフのフィッティングを行う。
2	・判別式の有用性を理解し，二次関数と x 軸の関係を整理して考えることができる。	・二次関数の代数的な操作とグラフによる表現はどのような数学的厳密性の違いがあるだろうか。	判別式を用いて解の個数を求めることができるか。	判別式を用いて二次関数のグラフと x 軸の関係を図で表すことができるか。
3	・日常の文脈に二次関数の考え方を応用できるか。	・日常に関連づけた問いをつくってみよう。	グラフと定義域の関係を把握し，解を導くことができるか。	「二次関数の最大値・最小値」や「二次不等式」に関する問題を扱う。
4 (本時)	・日常の文脈から条件を見いだし，数学的な処理と照らし合わせて考えることができるか。	・安全性を検討するときに数学はどの程度役に立つと言えるだろうか。	日常に関連づけた問題で様々な視点から探究することができるか。	単元内で学習した知識を応用して，オープン・エンドな問いに取り組む。

【単元目標】
　知識・技能：二次関数の値の変化やグラフの特徴について理解する。
　思考・判断・表現：日常や実社会の事象を数学的に捉え，数学的な特徴を考察する。
　主体的に学習に取り組む態度：主体的・対話的で深い学びを促し，数学のよさを認識できるようにする。

【本質的な問い】
　数学的な見方・考え方を通して，物事の安全性をどの程度想定できるか。

【単元の概念】
　ものの見方

Ⅳ：活動（本時）編

本時の展開と評価計画（4 時間目）

本時の目標：日常と数学をつなげる。
本時の評価規準・評価方法：問題を正しく解くことができているか（観察）。

時間 （50分）	学習活動	指導上の留意点	評価規準と方法
10 分	【導入】 •前時の復習。	•Yes／No で答えられる簡単な質問から，オープン・エンドな問いまで，様々なタイプの小問を扱う。	
30 分	【展開】 •二次関数の最大最小に関する文章題（例題）を解く。 •類似の問題を解き，現実事象に二次関数が応用できることを理解する。	•定義域の確認や現実事象を二次関数に変換するときの注意点を解説した後に，類似の問題を解く。 •同程度の難易度の問いを扱い，例題を参考にしながら生徒が主体的に解決する手助けをする。	•アー①【活動の観察】 •エー①【活動の観察】
10 分	【まとめ】 •現実事象とのつながりを説明し，数学を応用できることを確認する。	•ペアやグループでその他のどのような場面に二次関数が生かせるかを議論する。	

IB型 Ⅳ：活動（本時）編

本時の指導計画（4時間目）

本時の目標：既習事項を活用し，バイクが安全に着地できるかを検討する。
本時の評価規準・評価方法：正しく数学的な処理を行えたか，多面的に議論を進めることができたか（観察）。

時間	各時間における		評価の内容と方法	学習活動及び留意点
	目標	発問・問い＆想定回答		
10分	**導入の目標（問a）** 関数の役割を理解する。	**導入時の発問** 「関数とは何か説明してみましょう」	**形成的評価** クラスの生徒にわかるように関数の定義や性質について説明できるか。	**【導入】** 既習事項を活用し，二次関数の基本的な変形に取り組む。知識・技能についてはペアで確認させる。
32分	**展開の目標** **展開①（問b）** 二次関数によってバイクの位置を分析することができる。 **展開②（問c）** 数学だけでなく，別の観点から探究を行う。	**展開時の発問** 「これまでに学習したことをもとにバイクの最高地点の高さを求めよう」 「バイクジャンプで安全に着地できるでしょうか」	既習事項を活用して頂点を求めることができるか。 生徒同士で確認する。 自らの視点で安全性を検討しているか。	**【展開】** 平方完成によって，バイクの最高地点を求める。グラフ電卓でも頂点を求められることを確認する。着地台からどのくらい上になることが予想されるかを検討する。知の理論の手法を用いた分析を促す。
8分	**まとめの目標** クラスでの議論を踏まえて，着地の安全性の予測に関して結論を書く。	**まとめの発問** 安全性を検討するときに数学はどの程度役に立つと言えるだろうか。	各自が作成した安全性の分析が妥当であるか。	**【まとめ】** 他者の意見や，異なる視点を取り入れながら分析を行うことができたか。

指導案
数学科

159

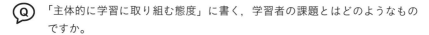

国語科

国語科 Q&A

Ⅰ　目標・課題設定

Q　「主体的に学習に取り組む態度」に書く，学習者の課題とはどのようなものですか。

　国立教育政策研究所の『学習評価の在り方ハンドブック』では，「粘り強い取組を行おうとする側面」と「自らの学習を調整しようとする側面」の2側面を用いた評価イメージが示されています。これを念頭に，国語科各科目の目標（3）「言葉のもつ価値への認識を深めるとともに，言語感覚を磨き，我が国の言語文化の担い手としての自覚をもち，生涯にわたり国語を尊重してその能力の向上を図る態度を養う」を対応させて具体的に示すとよいでしょう。

Ⅱ-1　指導・評価

Q　「主体的に学習に取り組む態度」はどのように評価を行いますか。

　「目標・課題設定編」で掲げた主体性面における単元目標と，それと関連のあるスキルをもとに，達成状況を見取っていきます。関連スキルについては，ATL も参考にしながら任意に選定すればよいですが，カリキュラム全体である程度網羅できることが望ましいでしょう。

Ⅱ-2　パフォーマンス評価（ルーブリック）

Q　ルーブリックを用いた評価は，基本的に授業者が行うのが適切なのでしょうか。

　評価の目的にもよりますが，学習者同士による評価や，学習者によるルーブリックの設定もあってよいと思います。

III　活動（全体）

Q　「本質的な問い」は単元の最終回に提示すべきでしょうか。

　「本質的な問い」を提示するタイミングは，初回でも最終回でも構いません。演繹的思考を重視するか，帰納的思考を重視するかの違いになるかと思います。

IV　活動（本時）

Q　各時間における「評価の内容と方法」は，どのように設定すればよいでしょうか。

　迷ったときには，その授業内活動の「目標」と，「指導・評価編」の「指導観」「評価の観点」に立ち返りましょう。誰を対象に，何を規準に，どのように評価するのかを再確認する必要があります。

🗨 Q&A　英語科

Ⅰ　目標・課題設定

Q　「単元の核をなす本質的な問い」を設定する際，どのような点に配慮すればよいでしょうか。

　単元で設定されている概念の理解を深めることをねらいとする一方，学習者が言語の働きにも注意を向けることができるような問いとすることが大切です。例えば，本書で提案している指導案では，「人を説得したり，人に納得してもらうためには，どのような表現方法を用いるのがよいのか」を設定し，説得型の表現方法といった言語の働きに焦点を当てています。

Ⅱ-1　指導・評価

Q　「形成的評価」として単語テストを設定することは適切ですか。

　適切です。ただし，単語の意味をどの程度理解しているかを測るだけでなく，オーディエンスの属性や文脈に沿って，どのくらい適切に単語を使用できているかを確認することが必要です。加えて，単語を適切な文脈で使用できるよう，ピアや教師によるフィードバック・支援が不可欠です。

Ⅱ-2　パフォーマンス評価（ルーブリック）

Q　ルーブリックは英語と日本語のどちらで書いたほうがよいのでしょうか。

　ルーブリックは生徒に提示することを前提としているため，生徒の英語熟達度に応じて記述言語を選択するとよいでしょう。本書では，欧州言語参照枠（CEFR）のA2〜B1レベルの英語学習者を想定しており，このレベルであれば英語での読み取りが可能であると判断し，英語で記述しています。

Q&A 英語科

III　活動（全体）

 「指導と評価の計画」を作成するにあたり，英語の 4 技能 5 領域のバランスを意識して作成したほうがよいでしょうか。

　できる限り，単元全体で 4 技能 5 領域をバランスよく指導するような計画としたいところです。特に英語による発問・問いをきっかけとして，生徒同士あるいは生徒・教師間の双方向によるコミュニケーションがなされるような工夫が不可欠です。

IV　活動（本時）

 各時間における発問・問い＆想定回答は，どのように設定すればよいでしょうか。

　各時間における目標に到達できるような発問・問いを立てる必要があり，想定される回答が Yes ／ No の二者択一にならないよう配慮する必要があります。加えて，学習者が様々な種類の疑問詞にも対応できるような工夫があるとよいでしょう。

💬 Q&A　　数学科

I　目標・課題設定

Q　単元を横断する問いに対応する力をつけるにはどのような指導が必要でしょうか。

　指導の中で別の単元とつながりそうなことがあれば，その都度，例を紹介するのが効果的です。単元が異なっても概念でつながる部分を意識できれば，単元を横断する問いにもおのずと解法を導くことができると考えています。

II-1　指導・評価

Q　オープン・エンドな問いの探究はどのように評価しますか。

　形成的評価については，①様々な視点で意見を述べ，②比較や分類を通して，③結論を導こうとする，といったプロセスを評価し奨励するとよいでしょう。そして，些細なことでも話せる雰囲気づくりが重要です。総括的評価に関しては課題学習のような形で探究を行わせ，評価は生徒の状況に合わせて観点をあらかじめ設定するのがよいでしょう。観点については，IBの課題論文や数学探究の評価規準が参考になります。

II-2　パフォーマンス評価（ルーブリック）

Q　学習指導要領（平成 29・30 年告示）の課題学習の活動はどのように促したらよいでしょうか。

　ルーブリックをあらかじめ示すことで，どのような観点で書けばよいかがわかるので，課題学習とともにルーブリックを提示するとよいでしょう。

Ⅲ　活動（全体）

 ICTを活用する際の注意点は何でしょうか。

ICTを教師の演示のためだけに活用するのではなく，生徒に活用させるアプローチが効果的です。授業での活用が課題学習などの自主的な数学の探究につながります。

Ⅳ　活動（本時）

 オープン・エンドな問いを扱う授業の準備はどのようにすればよいでしょうか。

生徒の回答をあらかじめ想定するのは難しく，何を落としどころにしたらよいかについては難しい課題です。まずは探究のプロセスが大事であることを生徒に理解させ，議論を活性化させる工夫が必要です。意見がたくさん出た結果，「色々ある」と結論づけられてしまうような問いではなく，根拠をもって説明させるような問いの設定を心がけるとよいでしょう。

数学科　Q&A

文　献

◆ 第 1 章

安彦忠彦 (2014).「コンピテンシー・ベース」を超える授業づくり―人格形成を見すえた能力育成を
　　めざして―　図書文化社

中央教育審議会 (2015). 教育課程部会教育課程企画特別部会 (第 1 回) 議事録　https://www.mext.
　　go.jp/b_menu/shingi/chukyo/chukyo3/053/siryo/1355912.htm (2020 年 7 月 8 日閲覧)

松尾知明 (2015). 21 世紀スキルとは何か―コンピテンシーに基づく教育改革の国際比較―　明石書
　　店

宮坂義彦 (2011). 指導案　平原春好・寺﨑昌男 (編)　新版教育小辞典 [第 3 版]　学陽書房

文部科学省 (2018). 新高等学校学習指導要領について　https://www.mext.go.jp/a_menu/shotou/
　　new-cs/__icsFiles/afieldfile/2018/09/14/1408677_1.pdf (2020 年 7 月 6 日閲覧)

文部科学省 (2020). 主体的・対話的で深い学びの視点からの授業改善　https://www.mext.go.jp/a_
　　menu/shotou/new-cs/__icsFiles/afieldfile/2020/01/28/20200128_mxt_kouhou02_01.pdf (2020
　　年 7 月 6 日閲覧)

森本康彦 (2008). e ポートフォリオの理論と実際　教育システム情報学会誌, *25*(2), 245–263.

奈須正裕 (2017).「資質・能力」と学びのメカニズム　東洋館出版社

佐野　幹 (2019). 授業の見方をつくる学習指導案の指導―形式の比べ読みからの考案へ―　宮城教
　　育大学紀要, *53*, 21–36.

Sawyer, R. K. (2014). Introduction. Sawyer, R. K. (Ed.). *The Cambridge handbook of the learning
　　science* (2nd ed.). Cambridge University Press. (森　敏昭・秋田喜代美・大島　純・白水　始 (監
　　訳) (2018). 学習科学ハンドブック [第二版]　第 1 巻　基礎／方法論　北大路書房)

Spencer, L. M., & Spencer, S. M. (1993). *Competence at work*. John Willy & Sons. (梅津祐良・成田
　　攻・横山哲夫 (訳) (2011). コンピテンシー・マネジメントの展開　生産性出版)

◆ 第 2 章

文部科学省 (2009). 高等学校学習指導要領 (平成 21 年告示)

文部科学省 (2019). 高等学校学習指導要領 (平成 30 年告示)

◆ 第 3 章

赤塚祐哉・木村光宏・菰田真由美 (2022). 国際バカロレアプログラムにおける批判的思考指導モデ
　　ルの検討―教育学諸理論の関係性と教師の語りに着目して―　早稲田教育評論, *36*(1), 1–19.

Erickson, H. L., Lanning, L. A., & French, R. (2017). *Concept-based curriculum and instruction for the
　　thinking classroom* (2nd ed.). Corwin. (遠藤みゆき・ベアード真理子 (訳) (2020). 思考する教室
　　をつくる概念型カリキュラムの理論と実践―不確実な時代を生き抜く力―　北大路書房)

International Baccalaureate Organization (2017a). *What is an IB education?* International
　　Baccalaureate Organization. (国際バカロレア機構 (2017). 国際バカロレア (IB) の教育とは？)
　　https://www.ibo.org/contentassets/76d2b6d4731f44ff800d0d06d371a892/what-is-an-ib-
　　education-2017-ja.pdf (2022 年 9 月 1 日閲覧)

International Baccalaureate Organization (2017b). *DP: From principles into practice*. International
　　Baccalaureate Organization. (国際バカロレア機構 (訳) (2020). DP：原則から実践へ)　https://
　　www.ibo.org/globalassets/new-structure/research/pdfs/dp-from-principles-into-practice-jp.pdf

（2020 年 11 月 9 日閲覧）

文部科学省IB教育推進コンソーシアム事務局(2019)．国際バカロレアについて　https://ibconsortium.
mext.go.jp/wp-content/uploads/2019/04/基礎資料_国際バカロレアについて.pdf（2022 年 8 月
31 日閲覧）

Wiggins, G. P., & McTighe, J.（2005）．*Understanding by design*（2nd ed.）．Association for
Supervision and Curriculum Development.（西岡加名恵（訳）(2012)．理解をもたらすカリキュラ
ム設計―「逆向き設計」の理論と方法―　日本標準）

◆ **第 4 章**

Erickson, H. L., Lanning, L. A., & French, R.（2017）．*Concept-based curriculum and instruction for the
thinking classroom*（2nd ed.）．Corwin.（遠藤みゆき・ベアード真理子（訳）(2020)．思考する教室
をつくる概念型カリキュラムの理論と実践―不確実な時代を生き抜く力―　北大路書房）

International Baccalaureate Organization（2017）．*MYP: From principles into practice*. International
Baccalaureate Organization.（国際バカロレア機構（訳）(2018)．MYP：原則から実践へ　p. 67）
https://www.ibo.org/contentassets/93f68f8b322141c9b113fb3e3fe11659/myp/myp-from-
principles-into-practice-2018-jp.pdf（2022 年 8 月 31 日）

McTighe, J., & Wiggins, G. P.（2013）．*Essential questions: Opening doors to student understanding*.
Assn for Supervision & Curriculum.

Wiggins, G. P., & McTighe, J.（2005）．*Understanding by design*（2nd ed.）．Association for
Supervision and Curriculum Development.（西岡加名恵（訳）(2012)．理解をもたらすカリキュラ
ム設計―「逆向き設計」の理論と方法―　日本標準）

◆ **第 5 章**

Dannelle, D. S., & Antonia, J. L.（2013）．*Introduction to rubrics: An assessment tool to save grading
time, convey effective feedback, and promote student learning*（2nd ed.）．Stylus Publishing, LLC.（井
上敏憲・俣野秀典（訳）(2014)．大学教員のためのルーブリック評価入門　玉川大学出版部）

樋口直宏(2020)．教育評価　樋口直宏・林　尚示・牛尾直行（編著）　実践に活かす教育課程論・教
育の方法と技術論 (pp. 127–140)　学事出版

International Baccalaureate Organization（2015）．*Approaches to teaching and learning in the Diploma
Programme*. International Baccalaureate Organization.（国際バカロレア機構（訳）(2015)．ディプ
ロマ・プログラムの「指導」と「方法」）

International Baccalaureate Organization（2017a）．*DP: From principles into practice*. International
Baccalaureate Organization.（国際バカロレア機構（訳）(2020)．DP：原則から実践へ）　https://
www.ibo.org/globalassets/new-structure/research/pdfs/dp-from-principles-into-practice-jp.pdf
（2020 年 11 月 9 日閲覧）

International Baccalaureate Organization（2017b）．*What is an IB education?* International
Baccalaureate Organization.（国際バカロレア機構(2017)．国際バカロレア（IB）の教育とは？）
https://www.ibo.org/contentassets/76d2b6d4731f44ff800d0d06d371a892/what-is-an-ib-
education-2017-ja.pdf（2022 年 9 月 1 日閲覧）

International Baccalaureate Organization（2018）．*Assessment principles and practices: Quality
assessments in a digital age*.　https://www.ibo.org/contentassets/1cdf850e366447e99b5a862a
ab622883/assessment-principles-and-practices-2018-en.pdf（2022 年 9 月 1 日閲覧）

梶田叡一(2010)．教育評価［第 2 版補訂 2 版］　有斐閣

国立教育政策研究所(2013)．社会の変化に対応する資質や能力を育成する教育課程編成の基本原理

　　［改訂版］　教育課程の編成に関する基礎的研究 報告書 5　国立教育政策研究所

文部科学省（2019）．高等学校学習指導要領（平成 30 年告示）

Vygotsky, L. S.（1962）. *Thought and language.* New York: Wiley.

Vygotsky, L. S.（1978）. *Mind and society: The development of higher psychological processes.* Cambridge, Massachusetts: Harvard University Press.

◆ 第 6 章

安斎勇樹・塩瀬隆之（2020）．問いのデザイン—創造的対話のファシリテーション—　学芸出版社

Been, S.（1975）. Reading in the foreign language teaching program. *TESOL Quarterly, 9*, 233–242.

Erickson, H. L., Lanning, L. A., & French, R.（2017）. *Concept-based curriculum and instruction for the thinking classroom*（2nd ed.）. Corwin.（遠藤みゆき・ベアード真理子（訳）（2020）．思考する教室をつくる概念型カリキュラムの理論と実践—不確実な時代を生き抜く力—　北大路書房）

花屋哲郎（2020）．学習指導の技術と形態　樋口直宏・林　尚示・牛尾直行（編著）　実践に活かす教育課程論・教育の方法と技術論（pp. 70–86）　学事出版

McTighe, J., & Wiggins, G. P.（2013）. *Essential questions: Opening doors to student understanding.* Assn for Supervision & Curriculum.

渡邉雅子（2014）．国際バカロレアにみるグローバル時代の教育内容と社会化　教育学研究, *81*(2), 176–186.

◆ 第 7 章

中央教育審議会（2016）．幼稚園，小学校，中学校，高等学校及び特別支援学校の学習指導要領等の改善及び必要な方策等について（答申）　https://www.mext.go.jp/b_menu/shingi/chukyo/chukyo0/toushin/__icsFiles/afieldfile/2017/01/10/1380902_0.pdf（2022 年 9 月 1 日閲覧）

井上志音（2018）．知の横断と探究　一般財団法人日本私学教育研究所　調査資料 254 号, 28–29.

文部科学省（2015）．新しい学習指導要領等が目指す姿　https://www.mext.go.jp/b_menu/shingi/chukyo/chukyo3/siryo/attach/1364316.htm（2022 年 9 月 1 日閲覧）

文部科学省（2019）．高等学校学習指導要領（平成 30 年告示）

◆ 第 8 章

Cho, J., & Demmans Epp, C.（2019）. Improving the classroom community scale: Toward a short form of the CSS. Paper presented at American Educational Research Association（AERA）annual meeting（Toronto, Canada）, 1–11.

中央教育審議会（2016）．幼稚園，小学校，中学校，高等学校及び特別支援学校の学習指導要領等の改善及び必要な方策等について（答申）　https://www.mext.go.jp/b_menu/shingi/chukyo/chukyo0/toushin/__icsFiles/afieldfile/2017/01/10/1380902_0.pdf（2022 年 9 月 1 日閲覧）

International Baccalaureate Organization（2018）. *Diploma programme language B guide.* International Baccalaureate Organization.

Kawano, M.（2016）. A comparison of English textbooks from the perspectives of reading: IB Diploma programs and Japanese senior high school. The Asian conference on language learning 2016. Official conference proceedings.　http://papers.iafor.org/papers/acll2016/ACLL2016_29495.pdf（2022 年 9 月 1 日閲覧）

Rovai, A. P.（2002）. Development of an instrument to measure classroom community. *Internet and Higher Education, 5*(3), 197–211.　doi: 10.1016/S1096-7516(02)00102-1

◆ **第 9 章**

大学入試センター（2018）．数学①［数学Ⅰ・数学A］　https://www.dnc.ac.jp/albums/abm00035624.
　　pdf（2020 年 9 月 24 日閲覧）

Haese, M., Haese, S., Humphries, M., Kemp, E., & Vollmar, P.（2016）．*Mathematics for the
　　international student 9 MYP 4*（2nd ed.）. Haese Mathematics.

International Baccalaureate Organization（2019）．*Mathematics: applications and interpretation. Higher
　　level and standard level. Specimen papers 1, 2 and 3.* International Baccalaureate Organization.

文部科学省（2015）．教育課程企画特別部会論点整理補足資料（1）　https://www.mext.go.jp/
　　component/b_menu/shingi/toushin/__icsFiles/afieldfile/2015/09/24/1361110_2_1.pdf（2020 年 9
　　月 24 日閲覧）

文部科学省（2019a）．高等学校学習指導要領（平成 30 年告示）

文部科学省（2019b）．高等学校学習指導要領解説　数学編・理数編

日本学術会議（2016）．初等中等教育における算数・数学教育の改善についての提言　数理科学委員
　　会・数学教育分科会

● **Topic 1**

Alberta Learning（2004）．*Focus on inquiry: A teacher's guide to implementing inquiry-based learning.*
　　https://open.alberta.ca/dataset/032c67af-325c-4039-a0f3-100f44306910/resource/b7585634-
　　fabe-4488-a836-af22f1cbab2a/download/29065832004focusoninquiry.pdf（2022 年 6 月 5 日閲
　　覧）

中央教育審議会（2016）．幼稚園，小学校，中学校，高等学校及び特別支援学校の学習指導要領等の
　　改善及び必要な方策等について（答申）　https://www.mext.go.jp/b_menu/shingi/chukyo/
　　chukyo0/toushin/__icsFiles/afieldfile/2017/01/10/1380902_0.pdf（2022 年 9 月 1 日閲覧）

Dewey, J.（1933）．*How we think: A restatement of the relation of reflective thinking to the educative
　　process.* D. C. Heath.

尾崎　勝・西　君子（1984）．カウンセリング・マインド―子どもの可能性をひき出す教師の基本姿
　　勢―　教育出版

Piaget, J.（1964）．Development and learning. In R. E. Ripple & V. N. Rockcastle（Eds.），*Piaget
　　rediscovered: A report of the conference on cognitive skills and curriculum development.* Cornell
　　University, School of Education.

● **Topic 2**

Johnson, D. W., & Johnson, R. T.（1991）．*Learning together and alone: Cooperative, competitive, and
　　individualistic learning*（3rd ed.）. Englewood Cliffs, NJ: Prentice Hall.

Prince, M.（2004）．Does active learning work? A review of the research. *Journal of Engineering
　　Education, 93*(3), 223–231.

● **Topic 3**

Peterson, A. D. C.（2003）．*Schools across frontiers: The story of the International Baccalaureate and the
　　United World Colleges.* Open Court Publishing.

相良憲昭・岩崎久美子（編）（2007）．国際バカロレア―世界が認める卓越したプログラム―　明石書
　　店

● Topic 4

Kolb, D. A.（1984）. *Experiential learning: Experience as the source of learning and development.* Prentice Hall.

● Topic 5

Erickson, H. L., Lanning, L. A., & French, R.（2017）. *Concept-based curriculum and instruction for the thinking classroom*（2nd ed.）. Corwin.（遠藤みゆき・ベアード真理子（訳）（2020）. 思考する教室をつくる概念型カリキュラムの理論と実践―不確実な時代を生き抜く力―　北大路書房）

● Topic 6

中央教育審議会（2021）.「令和の日本型学校教育」の構築を目指して―全ての子供たちの可能性を引き出す，個別最適な学びと，協働的な学びの実現―（答申）　https://www.mext.go.jp/content/20210126-mxt_syoto02-000012321_2-4.pdf（2022 年 6 月 5 日閲覧）

International Baccalaureate Organization（2010）. *Learning diversity in the International Baccalaureate programmes: Special educational needs within the International Baccalaureate programmes.* https://www.istafrica.co.tz/uploaded/documents/WeeklyBulletin/Learning_diversity_in_IB_programmes_2010.pdf（2022 年 6 月 5 日閲覧）

Tomlinson, C. A., & Allan, S. D.（2000）. *Leadership for differentiating schools & classrooms.* ASCD.

● Topic 7

Dang, U. M., & Dang, U. A.（2020）. *Oxford IB Diploma Programme: IB Theory of Knowledge Course Book.* Oxford University Press.

● Topic 8

孫工季也・江利川春雄（2019）. 高校英語教科書における社会問題を批判的に考える力の扱われ方―「英語表現Ⅰ」用教科書の設問題材分析を通じて―　和歌山大学教育学部紀要 人文科学, *69*, 51–56.

Stapleton, P.（2001）. Assessing critical thinking in the writing of Japanese university students: Insights about assumptions and content familiarity. *Written Communication*, *18*（4）, 506–548. doi: 10.1177/0741088301018004004

おわりに

　日本の教育は，受験偏差値偏重型，暗記型，知識重視型と揶揄されること
もある。こうした教育は，言われたとおりに物事を正確に実行していく力に
はつながるものの，創造性を必要とされる場面には対応しきれない。補足す
るが，根源的な問いを追求し，物事の本質に迫っていく授業スタイルを採用
している教師・学校もある。しかし，未だ少数派であると言わざるを得ない。
どうしたらもっと深く思考できる学習者を育てることができるのか，創造性
豊かで社会の課題に協同しながら果敢に挑戦し，自分の人生をよりよく生き
ていくような人間を，学校教育でどのように育てることができるのか[1]。その
ためのキーワードが「コンピテンシー（資質・能力）」と国際バカロレア（IB）
教育である。

1　本書が目指した内容

　本書では，新しい学力観「コンピテンシー（資質・能力）」に基づく授業は，
どのように行われるべきなのか，IB教育で適用されている教育諸理論に触れ
ながら具体的に提案した。IB教育は批判的思考や国際的な視野，探究心など
を養う教育プログラムとして世界の多くの国や地域で高く評価されている。IB
教育では，一つの正解を求めるのではなく，根源的な問いへの探究を通して

1　ここで目指そうとするのは，競争社会・経済界で生き抜くための「人材育成」ではない。自分の
　人生を彩り豊かに生きていく「人間育成」である。筆者らは，学校教育は人間の在り方・生き方
　の根源を追求する場であると捉えている。結果的に国際社会で活躍する「人材」に育っていくこ
　とは否定しないし，歓迎すべきことである。

知識・技能を自ら獲得したり，もっともらしい答えを対話によって導き出したりするスタイルを採用する。こうしたスタイルは，日本の高等学校ではそれほどなじみがないものであったが，学習指導要領改訂の議論の中で，IB教育が「コンピテンシー（資質・能力）」を育成する授業として取り上げられ，教育界でコンピテンシーという言葉が盛んに使用されるようになってから関心が高まってきた。これは，OECDにより組織されたDeSeCoにより，新たな資質・能力の概念「キー・コンピテンシー」が提案されたことに関連する。国内ではキー・コンピテンシーの概念が参照されながら，学習指導要領（平成29・30年告示）の改訂が行われた。同時に，IB教育のカリキュラムや教育方法についても改訂に向けた議論の中で参照され，生徒の資質・能力の変革を目指すことが今後の命題とされたのである。

2　パラダイムシフトとも言える教育改革

　資質・能力の変革を実現するための教育方法は，実際の授業でどのように実施すればよいのか。日本の教育界では，コンピテンシー（資質・能力）に関する議論は数多くなされてきた。しかし，その多くがカリキュラムや教育方法，評価活動・方法といったものを，一つひとつ個別に切り離して議論していることに筆者らは気がついた。そこで筆者らは，これらを一つのパッケージとして一体的に捉え，新たな資質・能力を育成する指導案を開発することを試みた。それが本書の誕生のきっかけである。

　平成29・30年告示の学習指導要領の改訂は歴史的に見ても，これまでに当然だと思われていた物事の大きな枠組みを変えようとする，いわばパラダイムシフトとも言える改訂である。とりわけ，教育方法にまで切り込んでいる点が特徴である。現実問題として，学習指導要領（平成29・30年告示）に基づく高等学校における授業は，2022年から開始されているが，授業づくりをどのように行おうか試行錯誤していたり，戸惑っていたりする教員は多い。同時に，これから教員を目指す大学生・大学院生は何をどこから始めた

らよいのか，なんとなくイメージはあるが，具体的な指導をどのように行えばよいのか，多少なりとも不安に駆られている場合も多い。本書はそうした教員・学生にとって，授業改善の道しるべとなるような，あるいは今後の授業実践につながるような内容とした。そのために，各教科・科目別の指導案の立て方も掲載し，評価方法などについても具体例を明示した。

3　資質・能力の三つの柱をバランスよく育むために

　ところで，学習指導要領（平成29・30年告示）の内容を把握さえすれば，授業の充実・改善点を理解し，育成すべき資質・能力を育むような実践につなげることができるのだろうか。本書を読み，それにはかなりの困難が伴うという事実は共有できたかと思う。学習指導要領（平成29・30年告示）では，「知識及び技能」「思考力，判断力，表現力等」そして「学びに向かう力，人間性等」といった資質・能力の三つの柱を総合的に育んでいくことが目指されている。そして，主体的・対話的な学習を通して問題発見・問題解決を経験できるような指導を行うことが求められている。こうした学びは，物事を暗記したり，記憶したりするような知識偏重型の学びと一線を画し，学習者の意見・考えを自由な雰囲気の中で共有したり，議論したりする学びであることに触れた。

　ところが，学習指導要領（平成29・30年告示）では，こうした学びの実現に必要な評価材料や評価方法の例示はもとより，教育方法の理論的な背景や個別具体的な教育方法にまでは切り込んでいない点[2]を説明した。

　本書で紹介した内容は，筆者らのIB機構への訪問，国内外におけるIB校

2　その背景としては，各地域・各学校の実態に応じて，教師が指導法の創意工夫を行っていくものであり，教師の専門性を尊重する立場をとっているからにほかならない。評価については，国立教育政策研究所の評価規準等を参考に，各教育委員会や学校が各々に評価計画や評価規準・基準を作成している。教育方法の画一化を招くことは避けなければならないが，ある程度の先行事例・成功事例・実践を示すことも有効であろう。

の訪問調査，IB教育を実施するためのカリキュラムづくりや制度づくりを行った経験，その後の研究と実践から得られた示唆をふんだんに盛り込んだ。そうした中で，これまでの国内で培われてきた学校教育のよさを再評価したり，あるいは今後もっと充実させなければならない点などに気づかされたりしてきた。また，IB教育を実践している教師との対談により，今後の授業改善・教育改革への示唆も得られた。

4　IB教育における教育方法：理論と実践

　IB教育における教育方法の特徴をもう一度整理したい。大雑把に言い表すとすれば3つに集約される。1つ目は，物事の表面的な理解にとどまらず，本質的な部分に迫るよう，概念の理解を深めるように構成されている点である。2つ目は，カリキュラムで到達すべき最終ゴールから逆向きに授業が設計されている点である。3つ目は，パフォーマンスの程度を測るためのルーブリック（評価指標）が生徒に明示されている点である。

　もう少し具体的に説明したい。IB教育では物事の根源に迫る問いを中心とした授業が展開される。そこでは，建設的な対話が生まれ，学習の取り組みも活発になる。加えて，IB教育では，理解の程度を測るペーパーテストのみならず，思考力・判断力・表現力等の程度を測るパフォーマンス評価が行われる。授業はこのパフォーマンス評価から逆向きに設計されるが，ルーブリックにより事前に到達目標が提示される。生徒たちはこの学習が何に向かって行われているのか，どのような資質・能力を身につけるべきなのかを理解しながら学習に取り組んでいける。これまでの学校は，評価は教師のみぞ知る，という形でいわば評価がブラックボックス化されてきた。しかし，これからの学校教育では誰もが評価方法を理解し，教える側・学ぶ側が目標を共有しながら学び合っていく。ルーブリックとは，学習者との約束事である。すなわち，教える側と学ぶ側の約束事であるので，事前に提示することが必要なのだ。

　こうした3点を踏まえて，筆者らはIBの教育方法などについて研究を深めるとともに，それらを具現化するような実践も行ってきた。IB教育に魅了され，自らの授業で実践してみたいから，という単純な思いからはもちろん，自らの実践が伴わなければ説得力のない表層的な説明にとどまってしまう，と感じたからだ。そのような取り組みを重ねていくうちに，生徒・学生の思考を深めるような学習活動への転換，生徒の学びの成果をペーパーテスト以外で多面的・多角的に評価する方法などについて理解を深めることができた。無論，多くの失敗もあった。欲張って色々な指導法を盛り込みすぎたり，問いの設定を難しくしすぎて，生徒・学生たちに負担を強いたり，といった点である。

　本書ではIB教育の魅力を伝えることに加え，そこで援用されている教育諸理論を踏まえた上で日常の授業でも活用できるようにできたのではないかと自負している。本書は，筆者らの研究成果のみならず，実体験を踏まえた上で何度も練り直したものである。各教科・科目の実践事例を参考にすることで，確かな資質・能力を育成する授業改善へつながれば幸いである。

2023年4月

編著者一同

［謝辞］
　本書の作成にあたり，北大路書房の大出ひすい様，若森乾也様に大変お世話になりました。ここに深く感謝の意を表したく思います。
［付記］
▶ 第1章，第2章1，第3章，第4章，Topic 3，6は，以下の科学研究費補助金の成果の一部である。
　若手研究〔19K14130〕学習者の多様性に対応する「国際バカロレア（IB）教授モデル」の解明（研究代表者：御手洗明佳）
▶ 第2章3，第5章3〜4，第6章，第8章，Topic 1，2，5，7，8は，以下の科学研究費補助金の成果の一部である。
　若手研究〔20K13884〕「英語授業で批判的思考力を育む教育方法の開発—国際バカロレアの英語科目を切り口に—」（研究代表者：赤塚祐哉）
▶ 第9章は，以下の科学研究費補助金の成果の一部である。
　研究活動スタート支援〔JP22K20293〕「国際バカロレア教員養成プログラムによる批判的思考育成実践の効果分析」（研究代表者：木村光宏）

■ 編著者

御手洗明佳（みたらい・さやか）第 1 章，第 2 章 1，第 3 章，第 4 章，Topic 3，6

2014年　早稲田大学大学院教育学研究科博士後期課程　単位取得満了
現　在　淑徳大学教育学部准教授　博士（教育学）
《主著・論文》
　　国際バカロレアの教育システム分析 —— コンピテンスの育成プロセスに着目して（早稲田大学
　　博士論文）2017 年
　　外国カリキュラムを提供する学校への公的関与のあり方に関する一考察 —— ドバイにおける学校監
　　査を事例として（共著）早稲田大学大学院教育学研究科紀要別冊，29 号（1），25–35．2021 年
　　国際バカロレア・ディプロマプログラム（IBDP）初年度生の学習経験とコンピテンシー ——「高
　　校での学習・経験に関する実態調査」（2021 年度）の分析から（共著）国際バカロレア教育研
　　究，第 6 巻，71–82．2022 年

赤塚祐哉（あかつか・ゆうや）第 2 章 3，第 5 章 3～4，第 6 章，第 8 章，Topic 1，2，5，7，8，
巻末資料「指導案（英語科）」「Q&A（英語科）」

2013年　オーストラリアンカトリック大学大学院　修了（MA Educational Leadership）
現　在　相模女子大学学芸学部専任講師，NHK ラジオ高校講座「英語コミュニケーションⅡ」講師
《主著・論文》
　　国際バカロレアの英語授業 —— 世界標準の英語教育とその実践（単著）松柏社　2018 年
　　A Pedagogical Approach to Foster Critical Thinking Skills in Japanese EFL learners: Focusing
　　on the International Baccalaureate's Pedagogical Framework. *Educational Reform and
　　International Baccalaureate in the Asia-Pacific* (Eds; Coulson, D. G., Datta, S., & Davies, M.
　　J.), 37–56. 2021.
　　Integrated English for Critical Thinking（大学英語教科書・単著）松柏社　2023 年

井上志音（いのうえ・しおん）第 2 章 2，第 5 章 1～2，5，第 7 章，Topic 4，巻末資料「指導案（国
語科）」「Q&A（国語科）」

2022年　神戸大学大学院国際協力研究科博士後期課程　単位取得満了
現　在　灘中学校・灘高等学校教諭，大阪大学文学部・神戸大学人文学研究科・立命館大学教職
　　研究科非常勤講師，東京書籍　高校国語教科書編集委員，NHK 高校講座「現代の国語」（E テレ）
　　監修・講師，国際バカロレア機構ディプロマ試験官（日本語 A 文学）
《主著・論文》
　　「知の理論」をひもとく —— Unpacking TOK（共著）ふくろう出版　2018 年
　　知の横断と探究 —— 国際的視野を育む国語科教育（単著）日本私学教育研究所調査資料，254
　　号，19–30．2018 年
　　メディアリテラシー ——吟味思考（クリティカルシンキング）を育む（分担執筆）時事通信社　2021 年
　　総合的な探究実践ノート（分担執筆）増進堂　2022 年

■ 執筆者

木村光宏（きむら・みつひろ）第 9 章，巻末資料「指導案（数学科）」「Q&A（数学科）」

2012年　広島大学大学院国際協力研究科教育文化専攻　修了
現　在　岡山理科大学グローバルセンター講師，IB 教員養成プログラムコーディネーター，日本大
　　学大学院総合社会情報学研究科博士課程後期在籍，国際バカロレア機構ディプロマ試験官（数学）
《主著・論文》
　　公立高校の教員は国際バカロレアの教育効果をどう認識しているか（日本語 DP 導入校への
　　フォーカス・グループ・インタビューを通して）（共著）グローバル人材育成教育研究，9
　　（2），84–94．2022 年
　　ESL 生徒の英語による数学文章題の問題解決プロセスに関する考察（国際バカロレア認定校に
　　おけるインタビュー分析）（単著）グローバル人材育成教育研究，10（1），8–19．2022 年
　　新しい数学教育の理論と実践（分担執筆）ミネルヴァ書房　2019 年

国際バカロレア教育に学ぶ授業改善
── 資質・能力を育む学習指導案のつくり方

2023 年 4 月 20 日　初版第 1 刷発行

編 著 者	御 手 洗 明 佳
	赤 塚 祐 哉
	井 上 志 音

発 行 所	㈱ 北 大 路 書 房
〒 603-8303	京都市北区紫野十二坊町 12-8
	電話代表　　（075）431-0361
	Ｆ Ａ Ｘ　　（075）431-9393
	振替口座　　01050-4-2083

ⓒ 2023

Printed in Japan
ISBN978-4-7628-3219-2

装幀／野田和浩
印刷・製本／創栄図書印刷（株）
落丁・乱丁本はお取り替えいたします。
定価はカバーに表示してあります。

[JCOPY] 〈㈳出版者著作権管理機構 委託出版物〉
本書の無断複写は著作権法上での例外を除き禁じられています。複写される場合は,
そのつど事前に, ㈳出版者著作権管理機構（電話 03-5244-5088, FAX 03-5244-5089,
e-mail: info@jcopy.or.jp）の許諾を得てください。

思考する教室をつくる概念型
カリキュラムの理論と実践
不確実な時代を生き抜く力

H. L. エリクソン, L. A. ラニング, R. フレンチ 著
遠藤みゆき, ベアード真理子 訳

A5 判・272 頁・本体 3400 円 + 税
ISBN 978-4-7628-3120-1

AI 時代を生き抜くために必要な学び方・教え
方とは？ 批判的・創造的思考を鍛える指導
法を単元設計から評価まで具体的に解説。

学習者中心の教育を実現する
インストラクショナル
デザイン理論とモデル

C. M. ライゲルース, B. J. ビーティ, R. D. マイヤーズ 編
鈴木克明 監訳

A5 判・512 頁・本体 4500 円 + 税
ISBN 978-4-7628-3111-9

何をどのように教えるか，評価するかの全て
を変化させる「学習者中心」の教育パラダイ
ムに，ID の巨匠が包括的な指針を提供。

教育効果を可視化する
学習科学

ジョン・ハッティ, グレゴリー・イエーツ 著
原田信之 訳者代表

A5 判上製・552 頁・本体 5400 円 + 税
ISBN 978-4-7628-3115-7

学びの本質とは。メタ分析データと学習科学
の知見を照合し，学びの成立と促進の条件を
可視化。教師生徒共に学習者になれるかが鍵。

スクールリーダーのための教育
効果を高めるマインドフレーム
可視化された学校づくりの10の秘訣

ジョン・ハッティ, レイモンド・スミス 編著
原田信之 訳者代表

四六判・248 頁・本体 2700 円 + 税
ISBN 978-4-7628-3213-0

教育指導職の信念や価値観が生徒と教師の両
方の学びにもたらす影響とは。可視化された
学習研究の成果を学校改善の実践へとつなぐ。